양심의 비밀

가려졌던 양심이 그 모습을 드러내다

나 자신이 진리를 배우면서 얻은 수확은 너무나 많지만 그중에서 최고의 수확이 있다면 양심에 대해 자세하게 알게 되었다는 점이다. 이제와서 생각하는 것은 "왜 그간 나는 양심의 중요성을 깨닫지 못하고 이제와서 양심을 알게 되었을까?" 하는 나 자신에 대한 자책이다. 나는 양심으로 마음을 점검 하기보다는 마음을 인정하며 살았다.

 그럴 수밖에 없는 것이 마음은 여전히 나와 함께 살고 있으니 말이다. 그러나 지금 와서 생각이지만 내가 양심을 가지고 마음을 수시로 점검하면서 세밀하게 살았더라면..하는 후회스러움이 이 책을 쓰면서 계속되었다.

 사실 나는 아직도 양심에 대해서 배워가는 중이다. 하지만 그래도 이만큼이라도 양심을 이해할 수 있어서 감사하다.

 양심을 하나씩 이해할수록 양심의 웅장함과 세밀함에 대해 갈수록 더 놀랍기만 하다. 마치 천사가 표효하는 것만 같다.

 하나님께서는 각자의 마음에 양심을 심어 놓으시고 양심을 통해 인간을 인도해 오셨다. 나 뿐만 아니라 온 인류를 그런 방식으로 섭리하셨다.

 부족한 내가 그나마 이 정도 얼굴을 내밀고 인격을 유지할 수 있는 것은 미미하게나마 양심이 남아 있기 때문이리라. 그렇다고 내가 양심대로 살아왔다는 말은 아니다.

아! 정말 양심은 생각하면 생각할수록 감탄스럽다. 양심의 위대함을 실감하면서도 양심을 귀중한 분으로 모시고 양심의 인도를 따라갔어야 했는데 그렇지 못한 것이 한심스럽다. 참으로 안타깝고 답답함을 느끼면서 후회와 반성을 한다.

하지만 이제라도 양심의 현미경으로 지난 행적을 돌아보면서 스스로를 경책한다. 지난 날을 돌이켜 보면 양심의 음성을 거역했던 때가 그 얼마나 많았던가? 과거 사건에서 "아! 그때 그것이 양심의 음성이었구나!" 하는 생각이 들 때가 많다.

그때 분명 양심의 울림이 있었고 사정없이 가슴을 방망이질 쳤는데, 왜 그때 나는 그것을 무시하고 넘어갔을까? 양심을 소중히 여기지 못했을까? 양심의 소리를 무시하고 마음대로 살았던 것이 한없이 부끄럽기만 하다.

만일 그때 그 음성을 하나님의 음성이라고 여기고 실천하였더라면 얼마나 좋았을까 하는 생각이 절실하다. 양심에 대해 생각 할수록 가슴이 미어지고 먹먹하다.

또 느껴지는 것은 하나님께서 양심을 내 마음속에 심어놓으시고 천사를 통해 말씀하시는데도 불구하고 다른 데서 하나님의 음성을 듣고자 했으니..말이다.

나는 양심 말고 또 다른 음성이 하나님의 음성이라고 생각했다. 40여년 동안 하나님을 섬긴다고 하면서 기상천외한 음성만을 기다렸으니 참 한심하고 어리석다.

이제 양심을 알게 되면서 나의 가슴은 벅차고 놀랍다. 이제라도 양심을 어느정도 알게 된 것은 마치 콜롬부스가 망망대해를 떠다니다가 신대륙을 발견한 것과 같다. 비록 늦었지만 양심을 진실한 마음으로 모셔야 하겠다.

진실로 양심은 나뿐만 아니라 온 인류가 지켜야할 가장 기본 도리중의 하나이다. 그럴 리는 없겠지만 이 세상에 모든 사람들의 마음속에 양심이 소멸된다면 어떻게 될 것 같은가?

대통령 부터 시작해서 국회의원, 공무원, 군인, 상인, 선생, 거리에 다니는 인간들이 양심과는 관계 없이 적당하게 거래하면서 인생을 산다면... 어떻게 될 것 같은가?

아마 세상은 무질서로 뒤범벅이 될 것이고 그야말로 저주 받은 세상이 될 것이다. 양심이 없으니 서로가 서로를 믿지 못하고 감시하면서 살아갈 것이다. 참 생각하기도 싫은 장면이다.

그렇게 된다면 사회, 직장, 가정 모두 더러움으로 오염되고 말 것이다. 인간들은 본능과 탐욕에 사로잡혀 법망을 피하면서 눈치껏 살아갈 것이다. 세상은 온통 이기심과 부패가 만연하여 썩은 나무토막같이 될 것이고 지옥 자체가 될 것이다.

그래도 사회는 나름대로 법으로 다스려 나가겠지만 양심이 사라진 상태에서 법은 아무 짝에도 쓸데없는 무용지물에 그칠 것이다. 법을 다스리는 그들도 양심이 없는 짓을 감행하기 때문이다. 한마디로 어둠과 죄악이 뒤범벅이 된 무질서의 세상이 될 것이다. 이는 개인적으로나 사회적으로 마찬가지이다.

이 책을 읽으면서 혹시라도 양심의 찔림을 받는다면 그는 아직 양심이 살아있는 자이다. 그러나 전혀 양심의 미동을 느끼지 않는다면 그는 심각하게 자신의 마음을 점검해야 할 것이다.

이 책은 양심의 찔림을 주기 위해서 쓴 책은 아니지만 나는 양심이라는 글자만 보아도 가슴이 먹먹해지면서 이 글을 썼다.

나는 이 책을 쓰면서 양심의 가책이 수도 없이 느껴졌고 그때마다 내 자신이 부끄럽다고 여겼으며 어떤 때는 더 이상 글을 쓰기 싫어서 며칠동안 지난 날을 돌이키며 깊은 생각에 잠겼던 적도 있었다.

이 책을 읽다보면 양심에 대해 이해하겠지만 내 자신이 느낀 점을 살펴보면 다음과 같다.

첫째, 하나님은 양심을 통해서 일하신다는 것이다.

양심은 하나님께서 인간을 다스리는 본부이다. 그러므로 양심이 빠지면 하나님이 인간에게 명령하실 수 있는 처소가 사라지는 셈이다.

그러면 차선책으로 환경과 인간을 통해 간접적으로 말씀하실 수 밖에 없다.

천사는 양심의 집에 드나들면서 부단하게 올바른 길을 가도록 인도하고자 시도한다. 양심 안에는 천국의 요소가 들어 있으며 양심에서 들려오는 음성은 주의 음성이다.

마귀는 인간을 무너뜨리기 위해서는 양심을 공략한다. 양심을 공격하여 인간을 무너뜨리면 인간을 끌고 다니기에 너무나 좋은 환경이 되기 때문이다.

하나님의 일을 하겠다는 자들이 양심 없이 어떻게 하나님의 일을 하겠는가? 그곳이 하나님의 음성을 듣는 본부인데 말이다.

고로 만일 인생을 양심대로 살지 못했던 자가 하나님의 일을 하겠다면 그를 말려야 한다.

오히려 하나님의 일을 망치는 마귀의 앞잡이가 될 것이기 때문이다. 이는 변함없는 진리이고 분명한 사실이다.

둘째, 나는 인간의 정신적인 질병은 양심을 제대로 갖추지 못해서 온다는 것을 알게 되었다. 인간이 정신적으로 건강한 사람이 되기 위한 중심에는 양심이 자리잡고 있다. 고로 정신 세계를 연구하는 이들은 양심을 먼저 살펴보는 것이 필수 과제이다. 현대 정신병의 두 축을 말하면 신경증과 성격장애를 들 수 있다. 신경증은 모든 문제를 자신의 탓으로 돌리는 것이고 성격장애는 모든 문제를 타인의 탓으로 돌리는 것이다. 둘 다 극단적으로 마음이 치우친 경우이다.

다시 말해서 마음 전체에 원활한 영양분의 공급이 문제가 되었다는 말이다. 좀 더 자세하게 설명하면, 물의 근원지인 샘터에서 맑은 물이 솟아나와 강을 이루어 각종 나무와 밭의 곡식이 자라야 하는데 그렇지 못하게 되었다. 전체 마음 밭에 진리를 공급해주는 근원지가 바로 양심이다.

그러므로 양심이 잘못되면 온 마음이 메말라가고 시들어버리게 된다. 그만큼 양심은 마음에 필수적인 요소를 공급하는 근원지이다. 양심의 샘터에서 진리가 영혼 전체에 온전하게 공급이 되어야만 건강한 인간이 될 수 있다는 말이다.

영혼의 질병을 안고 살아가는 현대인을 살펴보라. 그들이 과연 양심의 소리에 귀를 기울였는가? 나는 현대인의 정신적 질병은 양심을 잃어버린 데서 온다고 단언한다.

만약 어린이집에서 부터 대학교 전과정에 이르기까지 양심을 배울 수 있는 교과정이 설치된다면 아마도 우리나라는 달라질 것이다. 사실 양심은 배워서 되는 것은 아니다. 양심은 배우지 않은 선험적 지식이다. 본래부터 갖고 태어난다. 하지만 이미 무너진 양심을 되살리는 작업만 노력한다면 분명 달라질 것이다. 인간은 세상에 태어날 때부터 양심의 코드가 심겨져 나온다. 왜냐하면 양심은 사람의 것이 아니기 때문이다. 고로 양심을 자극하여 양심대로 살아가도록 도와주는 것은 선한 어른들이 해야 할 일이다. 나는 어떻게 하든 양심을 자극하여 사회 각 층에 파급되기를 기원한다.

셋째, 인간의 양심이 무너졌을 때 하나님은 몇 가지 장치를 마련하셨다는 사실이다.

그 하나는 사회법이다. 양심 없는 사회는 불법과 거짓이 만연하게 된다. 양심이 없어서 부패되는 것을 막는 방어책은 사회법이다. 인간들은 법을 어기면 그에 대한 처벌을 받기 때문에 법이 무서워서라도 제 마음대로 행동하지 못한다. 그러나 이 경우에도 헛점이 있다. 법을 요리저리 피하고 간악하게 이용해서 악을 저지르기 때문이다. 양심을 잃어버린 자가 눈치껏 법망을 피해 가는 사례는 쉽게 찾을 수 있다.

그 다음 차선책은 재산 상실, 질병, 죽음에 대한 두려움이다.

두려움이 마음에 밀려올 때 인간들은 자신의 지난 행실을 돌아보고 반성을 한다. 두려움은 더 큰 죄를 저지르는데 장애물이다. 양심을 잃어버린 자가 더 큰 죄에 가담하지 못하도록 하는 경고이다. 양심이 상실되어 두려움 마저 없다면 그는 인간의 마음이 아니다.

또 재난과 시련이 있다. 인간이 모진 시련을 만나면 우선 자신을 돌아보게 된다. 그리고 자신이 무엇을 잘못했는지를 돌아보게 된다. 어려운 시련을 당했을 때 "모두 다 나의 잘못" 이라고 자책하기도 한다.

인간의 재난은 더 큰 죄를 짓지 않도록 하시는 하나님의 섭리이다. 이는 양심을 잃어버린 자들에게 미치는 최소한의 방어책이다.

나는 양심을 배우면서 많은 지식인, 신앙인들이 양심에 대해 더 확장하고 보급해주기를 바란다. 그리고 자녀들과 후학들에게 "나는 세상에서 성공했다고 말하는 것은 없지만 그래도 양심적으로 살려고 애를 썼어!" 라고 말할 수 있으면 좋겠다.

혹시라도 자녀들로 부터 양심없는 아버지, 양심없는 어머니라는 소리는 듣지는 말아야 할 것이다. 이는 부부간에도 마찬가지이다. 양심을 속이는 남편과 아내는 더 이상 부부라고 말할 수 없다. 그런 부부는 서로를 속이는 사기단이라고 말할 수밖에 없다.

 이제 우리는 이 땅에서 살아가는 동안 무엇을 회복해야 하는지 해답은 분명해졌다. 또 교회와 사회가 무엇을 위해 노력해야 하는 지도 분명하다. 양심 회복만이 구원의 길이며 양심 회복만이 사회를 바르게 만드는 지름길이다.

 가정에서 양심이 산다면 그 가정은 천국이 되지만 양심을 잃어버리면 지옥이 된다. 부부가 양심을 잃어버리면 생명을 소멸시키는 강도가 되지만 양심을 찾는다면 서로의 생명을 살리는 천사가 된다. 나라의 지도자가 양심 있다면 그 백성은 공정하게 산다. 양심 회복만이 최상의 길이다. 다른 길이 없다.

 우리는 외과 의사가 종기를 도려내듯이 양심의 현미경으로 죄와 허물을 찾아내서 도려내야 한다. 그래야 살 길이 열린다.

 이 책은 성경을 근간으로 기록되었고 성경에 대해 잘 알지 못하는 분들이 읽기에는 힘든 부분도 있을 것이다. 하지만 양심의 소중함에 비해서 그 정도 어려움은 능히 감당할 수 있으리라 여겨진다. 이 책은 세상을 변화시키고자 하는 선한 이들에게 선물하고 싶다. 이 세상을 떠나기 전에 양심을 준비해서 그 나라에 양심있는 자들과 함께 하는 날이 오기를 기원한다. 이것이 나의 소망이다.

2022. 3. 21

김홍찬(Ph.D)

서문
목차

1
양심이란

양심의 정의

양심의 정의에 대해서 한컴 사전에는 "도덕적인 가치를 판단하여 옳고 그름, 선과 악을 깨달아 바르게 행하려는 의식."이라고 말한다.

백과사전에는 말하기를 "사물의 가치를 변별하고 자기의 행위에 대하여 옳고 그름과 선과 악의 판단을 내리는 도덕적 의식" 이라고 말한다.

철학 사전(중원문화. 2009)에 나오는 양심의 정의를 보면 "자신의 행위에 대하여 도덕적 책임을 생각하는 감정상의 느낌을 말한다. 즉, 자신의 행위에 대하여 각 개인이 스스로 그 행위에 대하여 평가하는 것에서 양심이 생긴다고 말했다. 양심에 대하여는 인간에게 고유한 불변적인 것인지 또는 진화의 결과에 의해 생긴 것인지에 대해 논의되고 있지만 양심 그 자체가 인간에게 불변하는 것으로서 부여된 것도 아니고 또는 진화의 결과로 생겨난 것도 아닌 사회적 지위, 그가 받은 교육 등에 의해 형성되는 것이다. 거기에서 계급적 양심이라는 것이 이야기된다. 양심은 의무와 밀접히 연결되어 있는데 의무를 수행할 때는 양심이 맑아지고 그것을 거부할 때는 양심이 번뇌하게 된다. 양심은 개개인의 도덕적 성장에 있어서 중요한 요인으로 작용한다."

위에 열거한 양심에 대한 사전적 정의는 인간의 내면세계에 대한 지식이 전무 하거나 마음속에 양심이 존재하는 이유를 제대로 알지 못하는 불분명한 논리에 불과하다.

분명한 사실은 양심은 태고 적부터 온 인류와 함께 해 왔다는 사실이다. 그리고 인간의 삶에서 절대적인 영향을 끼치고 있다.

만일 인류에게 양심이 없다면 과연 어떻게 되겠는가? 그것은 생각만 해도 끔찍한 결과를 초래할 수밖에 없다. 과연 양심 없는 사회를 인정할 수 있겠는가?

양심은 인간에게 필요한 요소이며 이것이 있음으로 인해 인류가 존속하고 있음을 이해한다면 양심에 대해 두렵고 떨리는 마음과 순수하고 열린 자세로 대할 수 있을 것이다.

그런 면에서 나는 양심에 대해서 이렇게 정의를 내린다.

"양심은 하나님의 집이며 영혼의 본부이고 새 언약이다"

내가 이렇게 말하는 이유는 자연 세계와 영적 세계를 이해하는 눈으로 볼 때 양심은 인간의 것이 아니라 하나님의 것이라는 사실을 이해했기 때문이다.

어째서 이런 결론이 나올 수 밖에 없는가?

우선 간단하게 말해서 인간이 거듭나게 되면 양심이 살아나서 전에 없던 행동을 한다. 윤리와 도덕을 지킬 뿐 아니라 바르게 행동하고 선하게 살아간다. 이는 양심이 살아나서 인간이 하나님과 연결되는 증거이다.

양심에는 여러 종류가 있다. 참된 양심이 있는가 하면 거짓 양심이 있고 가짜 양심이 있다. 하지만 진정한 것이 나타나면 유사한 것과 구별된다. 중요한 것은 양심을 통해 하늘의 계시를 받고 영원한 세계에 도달한다는 점이다.

첫째 양심은 하나님의 집이다.

양심은 하나님과 인간이 만나는 장소이다.

신앙의 위인들은 양심을 통해 하나님의 음성을 들었다. 그들은 양심의 소리를 듣고 자신이 갈 바를 선택했고 거룩한 삶을 살았다. 양심에서 울려 퍼지는 음성을 하나님이 주신 메시지로 확신했다. 양심의 소리를 그저 지나가는 소리나 인간의 욕구에서 올라오는 정도로 여기지 않았다.

양심의 소리에 온전하게 귀를 기울였기에 헌신적이고 희생적인 삶을 살 수 있었다.

다윗은 "나를 훈계하신 여호와를 송축할지라. 밤마다 내 양심이 나를 교훈하도다(시16:7)."

사도 바울은 "내가 그리스도 안에서 참말을 하고 거짓말을 아니하노라 나에게 큰 근심이 있는 것과 마음에 그치지 않는 고통이 있는 것을 내 양심이 성령 안에서 나와 더불어 증언하노니(롬9:1)."

제자 베드로는 "선한 양심을 가지라 이는 그리스도 안에 있는 너희의 선행을 욕하는 자들로 그 비방하는 일에 부끄러움을 당하게 하려 함이라(벧전 3:16)."

바울은 히브리서에서 "우리를 위하여 기도하라 우리가 모든 일에 선하게 행하려 하므로 우리에게 선한 양심이 있는 줄을 확신하노니(히13:18)."

주의 제자들은 양심을 매우 소중하게 여기고 받아들였다.

양심은 천국의 사이렌 소리이다. 그 소리는 마음이 순수한 자들에게는 더 크고 명확하게 들려진다. 양심의 소리는 사회적 지위나 학식에 관계없이 마음이 순수한 자들에게 작동되는 하늘의 센서이다.

철학적 정의로 양심은 인간 고유한 것인지 아니면 진화의 결과물인지 알 수 없다고 했지만 그것은 양심에 대한 무지에서 나온 말이다.

그들은 양심 없는 세상의 결말이 어떻게 되는지를 모르고 하는 말이다. 생각없는 인간의 추론에 불과하다.

인류는 인간 역사 속에서 양심과 함께 살아왔다. 그러기에 그나마 인류는 어느 정도라도 안정된 삶을 유지하였다. 우리는 지도자들이 권력을 이용해서 부정부패를 일삼고 백성을 탄압하는 것을 보면서 "저들에게 양심이 있다면 과연 저럴까?" 탄식한다. 역사속에서 양심을 가치 없게 여기는 시대에 어떤 일이 벌어졌는지를 살펴 본다면 양심을 두고 진화의 산물이라고 말하지 못할 것이다. 양심은 올바른 사람이 되도록 부여하신 그 루터기 뿌리이다.

둘째로 양심은 영혼의 본부이다.

만일 어떤 자가 세상에서 죄 중에 살다가 죽음에 이르러 저세상에 들어갔다고 생각해보자. 그는 세상사는 동안에 돈과 명예를 제일로 여기고 양심과는 관계없이 살았다.

그가 저세상에 들어갔을 때 천국에 들어갈 수 있는 마음의 환경이 만들어지겠는가? 평생을 양심 없이 살았는데 선하다고 말할 수 있겠는가? 양심 없이도 사랑과 진리의 나라에 입문할 수 있겠는가? 천국에 양심 없이 들어갈 수 있는가? 과연 그곳에서 살 수 있겠는가?

인간은 갑작스럽게 변하지 않는다. 이 세상에서 양심 없이 살았다면 저세상에 가서도 양심 없는 자일 수밖에 없다. 갑작스럽게 그가 변할 수 있는 가능성은 없다.

"구스인이 그의 피부를 표범이 그의 반점을 변하게 할 수 있느냐 할 수 있을진대 악에 익숙한 너희도 선을 행할 수 있으리라(렘13:23)."

또한 저세상에서 양심으로 판단 받을 수도 없다. 왜냐하면 양심 자체가 무너져 파괴되고 없기 때문이다. 양심이 파괴된 자가 죽었다고 해서 양심이 생겨나겠는가?

세상에서 육체로 살아가는 동안에 마음의 변화를 위해 가장 필요한 요건이 바로 양심이다. 양심이 있어야만 마음의 변화가 주어진다. 고로 양심 없는 자가 변화되기는 불가능하다.

양심은 마음에 비춰지는 천국의 빛이다. 천국의 빛은 진리의 깨달음이다. 양심이 있기 때문에 진리의 깨달음이 온다.

양심의 울림으로 깨달음이 주어져서 변화가 온다. 양심으로 말미암아 천국의 음성을 듣는다. 그러나 변화되는 조건은 양심의 메시지를 듣고 실천했을 경우에만 해당된다. 한마디로 양심의 소리를 듣고 선행했을 때만 진정한 변화가 있다.

하나님은 세상에 존재하는 모든 인간들로 하여금 양심을 통해 선을 담을 수 있는 깨끗한 그릇이 되기를 원하신다. 그렇게 하여 영혼 구원에 이르도록 하신다.

셋째로 양심은 새 언약이다.

세속적 인간은 온통 세상에 마음을 **빼앗겨** 버려 그 마음에 거짓과 이기심이 가득하다. 이런 자의 마음의 환경은 이미 지옥 상태이다. 그러나 그가 마음을 돌이키고 순수한 마음으로 새로운 삶을 살기로 결심한다면 양심이 제 자리를 찾게 된다. 그리고 양심과 함께 진리가 들어오면서 악령이 그 마음속에서 물러난다. 그의 마음에 선과 진리가 점유한다.

하나님께서는 이렇게 양심을 받아들이는 자를 거듭나게 하시고 거듭난 인간과 현존하신다.

주께서 홍수로 뒤덮인 세상에 노아에게 언약을 하셨다.

"나는 내 언약을 세울 것이다." 이 언약은 내적 약속이다.

즉, 마음의 언약이다. 주께서 죄로 어두워진 마음에 새로운 언약을 하셨다. 그 언약은 양심과 함께하시겠다는 약속이다.

인간이 거듭나면 양심이 살아나고 새로운 언약이 주어진다. 거듭나지 않으면 그 약속은 없다.

양심의 구성 요소를 살펴보자.

양심의 요소는 속사람 안에 있는 선과 진리, 겉사람 안에 있는 공평과 공정이다.

선과 진리는 하나님의 것이다. 인간의 것이 아니다. 거듭난 자에게 주어지는 하늘나라 요소이다. 성경에 하나님은 회전하는 그림자도 없으신 분이시라고 말씀하고 있는데, 이 말씀의 의미는 그분은 선의 근원이며 악이 전혀 없으신 분이시라는 뜻이다. 인간이 선과 진리의 길에서 벗어나면 곧 양심은 선한 길에서 벗어났음을 경고한다.

하나님은 양심을 통해 선으로 인도하신다. 인간이 곁길로 갈 때 때로는 책망하시면서 바른 길로 들어서기를 원하신다.

천국은 선으로 이루어진 나라이다. 인간이 선하지 않으면 천국에 입성할 수도 없고 천국에서 살 수도 없다. 그래서 양심은 언제나 선한 목소리를 낸다.

양심의 특성

양심은 영적 생명이다. 양심으로 행동한다는 것은 생명에 기초해서 행동하는 것과 같다. 반대로 양심에 거슬려 행동하는 것은 생명과 반대로 행동하는 것이다.

바울은 양심의 잣대가 자신에게 있음을 고백하면서 "나도 하나님과 사람에 대하여 항상 양심에 거리낌이 없기를 힘쓰나이다(행24:16)."고 말했다.

양심에는 속사람의 양심과 겉사람의 양심이 있다. 속사람의 양심은 선한 양심이고 겉사람의 양심은 바른 양심이다. 속사람은 내면 깊숙하게 존재하고 겉사람은 삶의 현장과 접촉하는 사람이다. 고로 속사람의 양심은 하늘의 소리를 전해주는 반면에 겉사람의 양심은 도덕적인 규율에 따라 바르게 행동하도록 한다.

선한 양심을 가진 사람은 바르게 행동할 수 있지만 바른 양심만 가지고 있으면 선한 양심으로 행동할 수는 없다.

그 이유는 속사람이 먼저이고 겉사람이 나중이기 때문이다.

만일 속사람과 겉사람이 하나되면 선한 양심과 바른 양심이 동시적으로 삶에 드러난다. 선한 양심과 바른 양심은 기본적으로 선과 진리로 살아가도록 이끄는 마음의 법이다.

양심의 특성을 분류해보면 다음과 같다.

첫째 양심은 믿음과 행위가 일치되도록 한다.

양심은 믿음과 행위가 분리되는 것을 허용하지 않는다. 믿는 바에 따라 살아가도록 요구한다. 고로 실천하지 않으면 양심의 가책이 떠오른다. 예컨대 위기에 처한 자를 보면서 도와줄 마음이 있었는데 그냥 지나쳤거나 타인이 잘못된 선택을 하게끔 만들었다면 양심의 벨소리가 울린다.

바울은 이 부분에 대해 말하기를 형제의 약한 양심을 상하게 하는 것이고 또 그리스도께 죄를 짓는 것이라고 말하고 있다.

"이같이 너희가 형제에게 죄를 지어 그 약한 양심을 상하게 하는 것이 곧 그리스도에게 죄를 짓는 것이니라(고전8:12)."

믿음과 행동의 불일치를 양심은 지나치지 않고 마음속에서 지적한다. 믿음과 행위의 일치는 말과 행동이 일치하는 것이다.

둘째 양심은 타인의 선행과 유익을 구한다.

삶의 목적을 타인의 유익을 목표한다면 그에게 양심이 있다고 말할 수 있다. 이웃, 사회, 나라, 교회의 유익을 위해 돈을 모았다면 그는 양심적이다.

고로 우리는 가난한 자를 구제하고 선행을 할 때 그 목적과 의도를 보아야 한다. 만일 가난하다고 해서 악한 자를 도와주게 되면 그가 타인에게 악을 저지를 수 있다.

그렇다면 그것은 악을 뒷바라지 하는 셈이 된다. 그러나 선한 자에게 도움을 주는 것은 다르다.

선행은 물질적으로 가난한 자에게 베푸는 구제뿐만 아니라 올바로 살아가도록 돕는 것까지 포함한다. 선행의 영역은 육체적인 것과 정신적 영역를 합해서 이다.

예컨대 판사가 정당하게 판결을 했다면 그는 선행을 한 것이다. 죄인을 처벌하고 죄 없는 자를 석방했다면 그는 선행을 한 것이다. 의사가 병든 자를 고쳐주기 위해 최선을 다했다면 그는 선을 행한 것이다. 구조대가 위기에 처한 자를 구하기 위해 최선을 다했다면 선행한 것이다. 이 모두 다 양심에 따라 한 일이다. 그 행위에서 선의 결과가 드러난다.

양심을 무시하는 자는 자기 이익을 목적한다. 오히려 타인에게 좋은 일하는 이유조차도 자기 출세와 명예를 위해 할 뿐이다. 그런 자는 타인이 잘되는 것을 원치 않는다. 남이 넘어지는 것을 보고 은근히 좋아한다. 이들은 욕심이 앞서기 때문에 이웃을 도와주고자 하는 마음이 없다.

마음에서 올라오는 양심의 규율을 무시한다. 양심 무시를 반복하다 보면 양심은 점차적으로 소멸된다. 양심 무시를 반복하는 자를 두고 성경에서는 '용'이라고 표현한다.

셋째 양심은 종교적이다.

양심은 하나님과 인간을 연결하는 중간 매체이다. 종교의 목적은 인간으로 하여금 선하게 살도록 하는 데 있다. 종교가 그역할을 못한다면 그것은 종교가 아니고 사이비 집단이나 광신적 집단에 불과하다. 그러기에 종교는 신앙 양심을 갖도록 권고한다.

고로 종교 생활을 통해 양심이 생성되기 위해서는 순수한 마음 자세가 필요하다. 그리고 진리의 의미를 배우고 실천해야만 한다. 종교 생활하면서 의미가 빠지면 양심이 새겨지기 어렵기 때문이다.

영적 진리를 추구하는 자는 진리의 의미를 찾는 자이다. 영적으로 눈뜬 사람은 그렇지 못한 사람에 비해 양심이 더 크게 작용한다. 진리의 깊이가 더해갈수록 그만큼 양심이 크게 형성되기 때문이다.

진정 그 마음속에 진리가 있는지를 알고자 한다면 그의 신앙양심을 살펴보면 알 수 있다. 그의 신앙에 양심이 있는 지를 살펴 보아야 한다. 신앙양심이 민감할수록 선한 일에도 예민하다.

신앙 양심은 진리를 담는 그릇이다. 진리를 담는 그릇이 순수하고 깨끗하면 양심은 더욱 선해진다. 순수하게 진리를 따르는자는 양심은 확장되면서 더욱 선해진다.

세상에서 교육을 제대로 받지 못하였다고 할지라도 선한 양심이 있다면 그 양심이 그를 천국으로 인도할 것이다.

양심에 따라 행동하면 반드시 선한 삶을 산다. 양심이 인도하는 대로 살기만 하면 그와 반대되는 행동은 할 수 없다. 양심은 지식과 상식 수준 이상에서 나오는 것이다.

바울은 교회 지도자의 자격에 대해 이렇게 말한다.

"깨끗한 양심에 믿음의 비밀을 가진 자라야 할지니(딤전3:9)."

양심은 하나님과 인간 사이를 연결하는 중간 매체이고 하나님과 긴밀한 관계를 유지하도록 만드는 그릇이다.

넷째 양심은 사람을 다스린다.

바울은 자신을 다스리는 양심에 대해 이렇게 말하고 있다.

"내가 그리스도 안에서 참말을 하고 거짓말을 아니하노라. 나에게 큰 근심이 있는 것과 마음에 그치지 않는 고통이 있는 것을 내 양심이 성령 안에서 나와 더불어 증언하노니(롬9:1)."

바울은 양심이 자신의 삶속에서 증언하고 있다고 말한다. 이는 양심과 친밀하기 때문에 가능한 말이다. 바울의 위대한 사역의 원천적 힘은 양심이었다. 그는 양심이 다스리는 대로 순종했다. 양심의 명령을 들었고 또 지원을 받았다.

그의 양심은 바울의 가는 길을 이끌었다. 선하게 되기 위해서는 양심의 눈이 밝아야 하고 진리를 알기 위해서도 양심적이 되어야 한다.

양심이 인간을 다스리는 영역은 사랑과 정의, 공평함, 공정심 등이다. 이런 덕목은 사람되게 하는 기본 축이다. 양심은 사람을 사람되게 만든다.

그러나 양심 불감증에 걸린 자는 이런 영역에 도달할 수 없다. 또 위선하면서 살아가는 자도 마찬가지이다. 남들 앞에서 자기를 높이지만 그것은 허세에 불과하다.

선한 목자 되신 주는 양심의 불을 밝힘으로 사람들을 인도하신다. 고로 양심이 결여된 자들은 그분의 음성을 듣지 못한다.

오로지 눈에 보이는 돈과 재물, 명예와 권력에 관심을 가질 뿐이다. 자기 만족을 향해 갈 뿐이다. 이런 자에게 양심의 소리가 들리지만 이들은 다른 곳에 관심을 기울여 그 소리를 들으려 하지 않는다. 양심은 주께서 인간을 이끄시는 방편이다.

다섯째 양심은 거듭나도록 이끈다.

니고데모는 밤중에 주를 찾아왔다. 밤중에 주를 찾아왔다는 말은 그가 자신의 영혼에 대해 갈등과 고민을 겪었다는 뜻이다. 마음에 깔려있는 영혼의 밤이다. 주께서는 이런 말씀을 하셨다.

"잘 들어 두어라. 누구든지 거듭나지 아니하면 아무도 하나님의 나라를 볼 수 없다(요3:3)."

인간이 천국 가기 위해 준비할 것은 거듭남이다. 이는 크리스챤 이면 확실하게 알아야할 진리중의 진리이다. 원어상으로 다시 태어남은 위로부터 태어남이다.

주께서 말씀하신 거듭남은 육체적인 출생 만큼 실재적 출생이다. 하나의 인간이 되기 위해서 아버지와 어머니가 있어야 하고 임신, 임신 기간, 출생, 양육이 있어야 하듯이 영적 출생도 이 과정이 필요하다. 영적 인간이 만들어지기 위해서는 많은 과정이 필요하다.

하나님은 아버지이시고 교회는 어머니이다. 호세아 선지자는 하나님을 신랑이라고 하였고 하나님의 백성을 신부라고 하였다. 양심 속에 선과 진리의 원리를 받아들인 이들은 위로부터 그 영혼이 출생한다. 위로부터 선과 진리를 부여받은 양심은 신앙 양심이 된다.

그리고 위로부터 출생 이후부터는 자연적 상태에서 영적 상태로 변화된다. 새로운 출생을 기대했던 다윗은 이렇게 기도한다.

"하나님이시여 제 안에 깨끗한 심정을 창조하시고 제 속에 올바른 영을 새로 지어 주소서(시51:10)."

양심은 인간을 새롭게 태어나도록 이끈다. 거듭나서 선하게 살고 바른 일을 하게 한다.

여섯째 양심이 없는 사람은 양심이 무엇인지 모른다.

양심이 무엇인지 모르고 살아가는 사람이 많다. 양심을 하찮게 여기고 비웃는 자도 있다. 이들은 양심을 부모로부터 배운 것이라고 하기도 하고 과민한 반응을 보이는 신경증 환자들이나 갖는 것이라고 한다.

그들은 말하기를 양심을 지키면 세상 살기가 힘들다고 말한다. 그저 좋은 게 좋은 것이지 그렇게 까칠하게 살아야할 이유가 무엇이냐고 따진다. 그러나 이렇게 말하는 자들도 정작 자신에게 양심의 가책이 올 때는 대인 관계를 꺼리고 심지어 먹지도 못하고 불면증에 시달리기도 한다.

그러면 수면제를 먹어서 억지로 잠을 청하기도 하고 정신과 의사를 찾아서 면담을 한다. 그것도 안되면 몸을 괴롭혀서 잊어버리려고 애를 쓴다. 알코올, 마약, 성관계, 나이트 클럽 등에 빠져서 가책에서 벗어나고자 하지만 헤어 나오지 못한다. 그것이 죄에 대한 불안이라는 사실을 알지 못한다.

인간이 죄를 짓게 되면 불안과 함께 양심의 소리가 들려온다. 그 때는 둘 중 하나를 선택해야 한다. 하나는 양심의 소리를 따르든지 다른 하나는 불안을 내리 누르든지 하는 것이다.

불안을 없애고자 딴청을 피운다고 불안이 제거되지는 않는다. 불안을 없애고자 술에 의존하거나 마약과 같은 환각제에 정신 상태를 몽롱하게 만들기도 하지만 불안은 더욱 커져만 간다.

또 일과 외모 치장과 모여서 한담하는 일에 모든 시간과 관심을 쏟는다. 자신이 힘들고 어려운 점을 동류들과 공유하면서 위로와 칭찬을 구걸한다. 그런 식으로 자신의 행위를 합리화한다. 자신이 이럴 수밖에 이유를 그럴듯하게 포장하여 변명을 만들어낸다. 자신은 아무런 문제될 것이 없는데 왜 이렇게 마음이 불안하고 답답한지 도대체 그 원인을 알 수 없다고 항변한다.

하지만 이 모든 행위는 불안을 무마하기위한 몸부림에 불과할 뿐이다.

마음속에서는 여전히 불안과 함께 자책하는 소리가 연기가 피어오르듯이 올라온다.

시간이 지나면서 왠지 모를 두려움에 사로잡히고 조급함은 더욱 늘어난다. 그러면서 극단적인 성격으로 변한다.

완전 무기력에 떨어지든지 아니면 극단적 자존심으로 버티는 인생이 되든지 이다.

결국 사악한 일을 생각해내기도 하고 심각한 범죄를 서슴없이 저지른다. 처음에는 양심의 가책을 모면하려고 했던 것이 시간이 지날수록 구덩이는 더 큰 구덩이로 변하게 된다.

우리나라 속담에 바늘 도둑이 소도둑이 된다는 말이 있다. 양심의 소리를 거부하고 자신의 행위를 합법화하려고 하다가 나중에는 사악함이 굳어져서 뻔뻔함에 이르러서 자신이 하는 행위가 무슨 행위인지조차 깨닫지 못하는 상태에 이른다.

이 지경에 이르기까지는 많은 시간이 흐른다. 그 원인은 모두 다 불안감과 함께 찾아온 양심의 소리를 무시한 결과이다.

인간은 자신의 행위를 감추거나 합리화하여 그것이 올바른 선택이었노라고 타인에게 증명하고자 한다. 타인의 존경을 받거나 지위가 높은 위치에 있는 자들은 더욱더 심하다.

인간은 차량 사고가 나서 상대방에게 피해를 주었을 경우 인간은 보험이라는 제도를 만들어서 피해 보상을 해준다. 그러면 더 이상 귀찮은 일이 발생하지 않고 모든 것이 깨끗하게 다 해결된 것처럼 여기고 안심한다. 보험으로 모든 문제가 깨끗하게 해결되는 것처럼 위로를 삼는다.

그런 것처럼 자신의 행위에 대해 책임 회피를 하지만 양심은 보상으로 해결되지 않는다. 양심은 내면의 문제이기 때문이다. 합리화나 변명, 스스로 자위함, 포장 등과 같은 외적인 일로 문제 해결이 되지 않는다.

양심의 소리는 끊임없이 따라다니면서 소리친다. 간혹 종교인 중에는 양심의 소리를 잠재우기 위해 용기를 줄만한 내용의 성경구절을 반복하거나 보혈 찬송가를 반복하면서 듣거나 죄사함의 성경 구절을 반복하여 외우기도 한다. 그러나 양심의 소리를 그런 식으로 지울 수는 없다.

칭찬과 위로의 말에 매달리는 자들도 있다. 그때는 솔깃하여 귀담아 듣지만 시간이 지날수록 갈급증이 생겨서 더욱 깊은 나락에 떨어지고 만다. 그리고 무기력한 자신을 발견하게 된다. 이렇게 인간들은 자기만족적인 방법을 통해 양심의 소리를 없애고자 시도한다.

불안이 어느정도 약해지면 모든 것이 해결된 것처럼 여긴다. 즉, 감각적으로 느껴지지 않고 기억에만 없으면 문제없다고 생각한다. 그런 자아 만족적 방법은 양심을 조금 무감각하게 만들었을 뿐이다. 오히려 스스로를 멸망의 길로 들어서게 만든다. 천국에 이르는 회개의 길을 가로막았기 때문이다.

양심은 마음의 법이며 하늘의 소리이다. 하늘의 소리를 없앨 수는 없다. 양심에 화인 맞았다고 부르는 그런 상태로 갈 뿐이다. 그 이후 문제는 그가 더욱 악해진다는 사실이다. 이는 명확한 실재적 사실이다.

"믿음과 착한 양심을 가지라 어떤 이들은 이 양심을 버렸고 그 믿음에 관하여는 파선하였느니라(딤전1:19)."

일곱째 천사와 악마의 싸움이다

보통 "당신은 양심도 없냐?" 따지는 경우가 있다. 이때 양심도 없냐는 말을 들은 자는 수치를 느껴서 자기에게 양심 없다고 소리친 그 사람을 향해 분노하면서 싸운다.

이런 광경은 흔하게 보는 모습들이다. 양심도 없다는 말이 마음에 걸리는 것이다. 이 말은 사람다운 사람이 되려면 양심은 반드시 있어야한다는 것을 말해 준다. 양심이 없다는 말은 악하다는 것을 말하기 때문이다.

인간을 사이에 두고 양심과 비양심을 서로 심으려는 세력이 있다. 천사와 악마이다. 천사는 마음속에 양심을 세우고자 하고 악마는 마음속에 비양심을 세우고자 한다.

둘은 인간을 사이에 두고 팽팽한 줄다리기를 한다. 인간은 그 사이 중간에 있다. 이편이든 저편이든 의지를 가지고 선택을 해야만 한다. 천사는 인간으로 하여금 진리를 선택하도록 이끌고 악령은 거짓을 선택하여 비양심으로 살아가도록 설득한다. 양심은 마음에 심겨진 진리의 법이고 비양심은 거짓의 법이다. 천사와 악마의 싸움은 그 마음에 양심을 세우느냐 또는 비양심을 세우느냐의 싸움이다.

천사는 양심을 세우고자 노력하고 악마는 양심을 파괴하려고 시도한다. 고로 악마의 목표는 인간이 어떤 잘못을 할지라도 양심의 고통 없이 살아가도록 만들고자 한다. 그 방법으로 인간에게 혼란을 야기시켜 양심의 소리를 억압하거나 무시하도록 설득한다.

악마는 진실을 속이는 영들이다. 속이는 방법으로 거짓을 사용한다. 양심을 마비시켜 거짓의 나라로 데려간다. 양심 없는 거짓의 상태는 이미 귀신에게 점령당한 상태이다.

자신의 행위에 대해 책임지지 않으면서 뻔뻔하게 더욱더 자신을 포장하는 자는 귀신에게 이미 점령당했다고 보아도 된다.

그의 양심을 보면 그가 얼마나 간악한지를 알 수 있다. 이로 인해 천국과 지옥이 갈리게 된다. 천국은 양심이 있는 자들의 모임이며 지옥은 양심 없는 자들의 모임이다. 천국 백성은 양심의 법으로 살지만 지옥 백성은 죄의 법으로 산다.

"깨끗한 자들에게는 모든 것이 깨끗하나 더럽고 믿지 아니하는 자들에게는 아무 것도 깨끗한 것이 없고 오직 그들의 마음과 양심이 더러운지라(딛1:15)."

여덟째 양심은 자발적이다.

양심은 자유를 기반으로 한 자발성에서 이뤄진다. 자발성이 있는 정도에 비례해서 자유 의지가 있다. 고로 양심 명령은 자유를 기초한다.

자유한 상태에서 양심대로 살 것인지 아닌지를 결정한다. 이는 강요가 아니다.

다시 말해서 양심에 의한 복종은 강압에 의한 복종과는 다르다. 양심에 순응함은 자발성에서 나온다. 자발성이 빠진다면 그것은 이미 양심에 의한 것이 아니다.

양심은 자발성과 함께 선한 방향으로 나아간다.

예컨대, 전쟁터에서 가족의 위기를 보고 생명을 걸고 전쟁터에 나가 참전하는 아버지의 심정에는 자발성이 함께 하고 있음을 볼 수 있다.

진리를 가지고 불모지 땅으로 떠나는 선교사들을 보면 자발적이다. 그들은 사명감을 가지고 자원해서 길을 떠난다.

자발성이 주어지면 그 일이 아무리 힘들고 희생이 요구된다고 할지라도 그 일에 매진한다.

거짓과 악에 대해 대항하는 것은 자발성에 의해서이다. 대항하는 강도는 자유와 비례한다. 악에 저항은 그만큼의 자발성이 있다는 증거이다. 자발성 없이 악과 싸움은 불가능하다.

자발적이지 않은 것은 주께서 열납 하시지 않는다. 강압에 못이겨 예배를 드린다면 억지로 앉아있음에 불과하다.

헌금도 마찬가지이다. 자발성이 없는 헌금은 의미가 없는 억지에 불과하다.

양심의 기능

양심에는 강한 힘이 있다.

어떤 자는 양심을 무심코 스쳐 지나가는 껄끄러운 생각이나 상상 정도로 여긴다. 혹은 자신도 모르게 밀려오는 공상 정도로 여긴다. 양심은 그런 정도의 생각이 아니다.

양심에는 강력한 힘이 있다.

유대인들이 현장에서 간음하다가 잡힌 여자를 예수께 데리고 와서는 이렇게 말했다.

"우리의 모세 법에는 이런 죄를 범한 여자는 돌로 쳐 죽이라고 하였습니다."

유대인들은 모세 법을 들어 자신만만하게 증거를 들이대면서 당신 생각은 어떠냐 면서 주께 따졌다.

평소 사랑을 말씀하시는 예수의 처리 방식을 보고서는 모세 법을 인용해서 비난하고자 했다. 그래서 확실한 증거가 되는 현장범을 데리고 왔다.

유대인들은 예수께서 여인에게 합당한 판결을 내리기를 원하는 것이 아니다. 주께서 모세 법을 어기는 것을 보고 싶었다. 그래서 현장범을 잡아서 세워두고는 예수의 대답을 기다렸다.

 예수께서는 그들에게 아무런 대답도 하지 않으시고 몸을 구부리고 손가락으로 땅바닥에 무엇인가 쓰셨다. 그러자 그들은 더욱 예수께 대답을 재촉하였다.

 얼마정도의 시간이 흐른 후 예수께서는 고개를 드시고 "너희 중에 누구든지 죄 없는 사람이 먼저 저 여자를 돌로 쳐라" 하시고는 다시 몸을 굽혀 계속해서 땅바닥에 무엇인가 쓰셨다.

 예수께서 무슨 말을 할까 하고 기다렸던 유대인들은 그 말을 듣고는 양심의 가책을 느끼기 시작했다.

 양심의 기운이 그곳에 서 있는 모든 군중들에게 미쳤다. 어른부터 시작해서 젊은이까지 하나씩 둘씩 고개를 숙이고 도망가듯이 흩어졌다.

 그리고 적막이 흐르게 되는데 오직 예수와 그 가운데 섰는 여자만 남았다(요8:9). 왜 의기양양 했던 그들이 그 자리에서 슬그머니 사라지게 되었을까? 성경에는 그들이 양심에 가책을 느꼈다고 기록되었다.

 주께서 그들의 양심을 찌른 것이다. 주께서 여인을 두고 위선을 부리는 그들의 양심을 보게끔 만들었다. 물론 그들의 양심은 아주 미약한 수준이다.

 그럼에도 불구하고 양심의 정곡을 찌르자 살기등등했던 그들은 정신을 차려서 자신을 돌아보게 되었고 결국 꽁지가 빠지도록 도망쳤다. 이처럼 양심에는 자신들의 행위가 정당하지 못함을 알아차리도록 해주는 강한 힘이 있다. 그것을 느꼈던 그들은 자신의 행위에 대해 반성하는 자세를 갖게 된다.

왜 그렇게 양심에는 자신의 정당하지 못한 행위를 보는 힘이 있을까?

양심은 하늘의 소리이기 때문이다. 인간의 꾸며낸 소리가 아니다. 하늘의 소리를 듣는 자는 양심의 소리를 듣는 자이다.

이처럼 양심의 소리는 죄를 지었다는 사실을 알게 만드는 강한 힘이 있다. 주께서 군중들에게 양심의 소리를 들려주셨다.

그 양심의 소리는 "너 자신을 보라. 네가 지은 죄가 저 여자의 죄보더 더 크고 중하지 않느냐? 그런데 네가 저 여자를 정죄할 만큼 의로운가?"라고 말한다.

인간에게 들려지는 양심의 소리에는 삐뚤어진 인간의 가슴에 방망이질을 한다. 방망이질 치는 양심의 소리에 부응하면 바르게 살 수 있다. 그렇지 않으면 절대 바르게 살 수 없다. 고로 진정 사람답게 살고자 한다면 양심의 소리를 듣고 실천함으로 잘못을 바로잡는 기회로 여겨야 한다.

양심으로 재정비하다.

양심의 소리를 듣고 회개한 자는 주의 제자 베드로이다. 그는 주와 매우 친밀하였다.

그런데 대제사장의 군인들과 경비병들이 예수를 결박하여 제사장 안나스에게 끌고 가버렸다. 이때 시몬 베드로는 겁에 질려서 두려움에 몹시 떨었다.

베드로는 다른 제자와 함께 잡혀가는 예수의 뒤를 따라서 대제사장의 집안 뜰까지 들어갔다. 그리고 불을 쬐고 있는데 젊은 문지기 하녀가 베드로를 보더니 "당신도 저 사람의 제자가 아니오?"라고 아는 척을 했다.

베드로는 순식간에 자신도 모르게 "아니오" 하고 강하게 부인하였다. 사실 하녀의 말은 베드로에게 크게 위협이 되지 않았다. 하지만 베드로는 그 묻는 말에 겁에 질려서 부정적으로 응답하였다. 그것도 세 번씩이나 강도의 세기를 높였다. 전혀 베드로 답지 않은 행동이었다.

우리는 베드로가 이런 식으로 주를 부인하였지만 실상 그는 양심의 가책이 있었다는 것을 알 수 있다. 그리고 곧바로 베드로는 주의 음성이 생각났다.

"네가 닭 울기 전에 나를 부인할 것이다." 베드로는 이 말이 생각나면서 양심의 가책이 느껴졌다. 그는 주를 부인했던 자신의 말과 행위를 양심이라는 집으로 가져왔을 때 더욱 심하게 통곡하며 회개를 하게 된다.

그 후 그는 양심으로 재정비하여 새로운 마음으로 충성스러운 일꾼으로 뒤바뀌게 된다.

양심으로 하나님의 임재를 느낀다.

하나님의 장엄한 임재를 경험했던 제자 세 명이 있다. 베드로와 요한과 야고보이다. 그들은 주와 함께 기도하는 중 변화산에서 변모하신 주의 모습을 보게 된다.

주의 얼굴 모습은 해와 같이 빛났고 그 옷은 빛과 같이 눈부셨다(마9:32).

그들은 비록 잠깐 동안이었지만 영적 시야가 열려서 주의 영화로운 모습을 보았다. 주께서 보여주신 영광스런 모습은 그분 안에 내재된 영광이다. 빛나는 구름이 그들을 덮더니 구름 속에서 하나님의 음성이 들려왔다. "이는 내 사랑하는 아들이니 너희는 그의 말을 들으라" 하는 음성이다.

지극히 영광스러우면서 자비로운 목소리가 베드로, 요한, 야고보의 양심 속에 들려왔다. 은은하게 들려오는 부드럽고 자비로운 음성이다. 윽박지르거나 고함치는 소리가 아니다. 자비로운 음성을 듣는 우리의 양심의 상태는 어떠한가?

천사는 양심의 집에 방문한다.

주께서 인간을 인도하시는 방법은 천사를 통해서 이다. 천사는 주의 뜻을 전달하는 영적 존재들이다. 영적으로 민감한 자는 양심의 집에 천사가 방문했음을 감지한다.

양심의 가책을 느끼는 것은 천사가 양심의 집에 방문하였기 때문이다. 우리는 그것을 느끼고는 속으로 생각하기를 "아! 그때 그 일은 양심적으로 잘못되었어!"라고 깨닫는다. 이는 천사가 양심의 집에 방문했기에 가능한 일이다.

 그것은 한번으로 그치지 않는다. 양심에 찾아와서 하늘의 뜻을 들려주는 천사의 음성은 전혀 예측하지 못한 음성이다. 그것은 양심이 예민할수록 더욱 깊이 인식된다.

 우리는 양심의 가책이 느껴질 때마다 천사가 왕래하고 있음을 알아야 한다.

 그러나 아무리 천사가 양심을 두드려도 묵묵부답이고 오히려 양심을 묵살하는 자들이 있다. 양심에 찾아온 천사의 소리를 잠재우려고 노력한다. 천사가 다가올 때마다 굳이 관심을 다른 곳에 쏟아서 천사의 방문을 외면한다.

 이 일이 반복되다보면 이후에는 천사가 들어올 양심의 집이 무너지게 된다.

 변명거리를 찾거나 자신의 죄를 방어하기 위해 합리화를 시도하고 위장하고 은폐하는 것은 그 소리를 듣지 않으려는 시도이다. 양심에 화인 맞았다 혹은 양심이 두껍다 라고 표현할 수밖에 없다.

 천사는 지각이 있는 존재이다. 고로 천사는 인간의 상태를 면밀하게 파악한다. 현재 그가 어떤 상태인지 선악의 기준으로 영혼의 품질을 정확하게 파악하고 있다.

 천사들은 하나님께 부여받은 지각을 가지고 우리의 양심에 찾아와서는 양심의 잣대로 선악을 분별하도록 가르쳐 준다.

양심이 미약한 자들도 그 소리를 듣는다. 하지만 이미 양심이 죽어버린 자들은 양심의 소리를 전혀 듣지 못한다.

가책은 있지만 그 의미를 깨닫지 못한다. 이것이 인간의 한계이다. 하지만 웬지 마음은 늘 불안하다.

그래서 스스로 말하기를 "요즘 내가 왜 이러는지 모르겠어. 마음이 예민하고 심란해! 아마 우울증이 있나봐. 일을 너무 열심히 해서 그런가? 어디 조용한 데 가서 며칠 쉬었다 와야지" 하면서 혼잣말로 되뇌인다.

그렇지만 영적으로 민감한 자들은 양심의 집에 찾아온 천사의 방문을 느낀다. 또 천사들이 무엇 때문에 찾아 왔는지를 감지한다. 그리고 조용한 곳을 찾아서 그들과 대화하고자 한다.

자신의 양심을 살펴보면서 혹시 죄지은 일이 있는 지를 점검한다.

양심은 인생길의 나침판이다.

양심은 인생길을 안내하는 나침판이다. 나침판 없이 망망한 바다를 항해할 수 없는 것처럼 인생길에서 양심이 없으면 선악을 분별하지 못하고 어떤 일에 대해 해야할 것인지 하지 말아야할 것인지를 분별할 수 없다. 양심이 없으면 길을 잃어버려 망망대해를 떠다니는 멍텅구리 배와 같이 된다.

양심은 행위의 잘, 잘못을 가르쳐주는 역할을 한다. 양심이 있음으로 행위의 기준을 잡게 된다. 양심이 없으면 인생길에서 술취한 자처럼 비틀비틀 거린다.

"사람이 이 바다에서 저 바다까지 북쪽에서 동쪽까지 비틀거리며(암8:12)."

인간이 하늘나라에 도달하기 까지 똑바른 걸음을 걷기를 원한다면 양심의 소리에 민감해야 한다. 주께서 각 개인에게 양심을 주신 이유는 양심의 나침판으로 천국에 도달하도록 하기 위함이다. 그렇지 않으면 방향 감각을 상실하고 왜곡되고 치우친 길을 가고 만다.

양심은 피의 목소리이다.

성경에 가인이 아벨을 살해하는 죄를 범한 후에 하나님의 음성이 들려왔다. "네 아우 아벨이 어디 있느냐?"

그리고 또 말씀하셨다. "네가 무엇을 저질렀느냐? 네 형제의 피의 소리가 지면으로부터 나에게 소리치고 있다(창4:10)."

여기에서 피들이 소리쳤다는 말씀은 죄를 고발하는 양심의 탄원이다. 아벨의 양심은 하나님께 탄원한다.

"여호와께서 가인에게 이르시되 네가 분하여 함은 어찌 됨이며 안색이 변함은 어찌 됨이냐 네가 선을 행하면 어찌 낯을 들지 못하겠느냐 선을 행하지 아니하면 죄가 문에 엎드려 있느니라. 죄가 너를 원하나 너는 죄를 다스릴지니라(창4:6-7)."

"어찌 낯을 들지 못하겠느냐"는 얼굴을 들지 못했다는 말인데 이미 가인은 하나님께 얼굴을 들지 못할 정도로 마음 상태가 변질되었음을 의미한다.

가인은 사랑 없는 인간의 표상이다. 즉, 미움이 가득한 마음 상태이다. 미움이 가득함은 선의 그릇인 양심이 소멸되었음을 의미한다.

여기서 우리가 생각할 것은 가인은 한 개인을 의미하기 보다는 사랑 없는 삶을 살아가는 오늘날 모든 인간이다.

선행 없이 인생을 산다는 것은 결국 가인같이 하나님께 얼굴을 들지 못하는 인생이 된다는 말이다.

가인의 범죄는 선행 보다 지식을 더 크게 보는 인간의 모습이다. 인간들은 지식이 인간을 구원할 수 있는 것처럼 여겼다. 지식이 모든 자연만물에 대한 신비를 다 해석해 줄 수 있을 것이라고 착각한다. 그래서 그 견해와 논리에 따르지 않으면 미신이라고 말하거나 이단자로 규정하고 처단하기에 이른다. 과거 조선 시대 성리학자들이 자기의 견해에 벗어난 자를 사문난적(斯文亂賊) 이라고 여겨 죽였고 서양 카톨릭이 마녀 사냥을 하였고 공산주의자가 숙청하는 일들을 자행했다.

모두 선행 없는 신념이나 지식을 최우선으로 여기기 때문에 발생한 일들이다. 가인의 교리가 증폭되어 온 세상에 선행이 사라져 버린 교리의 결과이다. 하지만 그것은 허구이다.

선이 사라진 인간

만일 우리가 천국을 보게 된다면 천국은 선이 가득한 곳임을 깨닫게 될 것이다.

선 없이는 절대로 천국에 들어갈 수 없다는 사실을 알게 될 것이다. 왜냐하면 하나님이 선한 분이시기 때문이다.

악한 자에게 잠깐이라도 천국을 보여준다면 자신에게 선이 없다는 사실이 도저히 견딜 수 없을 것이다. 도저히 천국에서 살수 없음을 절규하고 자신에게 맞는 곳으로 보내달라고 애걸할 것이다.

선이 닫혀진 인간들은 결국 비양심의 괴로움과 고통으로 인해한 시라도 빨리 천국을 떠나고 싶어한다. 이는 천국 가는 길에양심이 얼마나 필요한 지를 말해준다.

양심의 소리는 천사의 울부짖음이다.

인간이 죄악에 빠져 있거나 혹은 선을 알고도 행치 않았을 때양심은 그 현장에 정확하게 알고 찾아온다. 그리고 음성을 들려준다. 그 속에는 본인이 원치 않는 메시지를 담고 있다.

그 목소리는 때로 크고 분명하게 들려온다. 그리고 가슴을 방망이질 하듯이 쿵쾅거리며 음성을 들려주기도 한다. 경우에 따라서는 아주 세미하게 들려온다. 사람마다 정도의 차이는 있지만 그 음성은 누구에게나 다가온다.

그 목소리에는 경고, 미안함, 부끄러움, 죄책감, 안타까움, 책망, 동정심 등을 담고 있다. 그 목소리의 내용은 너무나 다양해서 수를 헤아릴 수 없다. 수많은 방법으로 우리의 가슴을 두드린다.

분명한 것은 이 소리는 욕망이 아니라는 것이다. 또 인간이 원해서 끌어올린 목소리도 아니다. 그 음성은 하나님께서 천사를 동원해서 들려주신 음성이다.

요한계시록에는 그 음성에 대해서 말씀하기를 "천사가 오른발을 바다에 왼발을 땅에 놓았을 때 마치 사자가 으르렁대는 것처럼 큰 소리로 부르짖었습니다. 그가 고함을 지르자 일곱 천둥이 각각 제소리를 내며 말을 했습니다(계10:3)."

천사는 사자가 울부짖듯이 큰 소리로 부르짖었다. 이 외침은 양심을 잃어버린 인간을 향한 울부짖음이다. 큰 소리로 부르짖었다고 했는데 크다는 표현은 그만큼 선과 사랑이 위대함을 의미한다.

천사의 부르짖음은 양심이 사라진 교회와 타락한 인간을 보고 통곡하는 사랑의 목소리이다. 동시에 기필코 권능으로 회복하겠다는 약속의 외침이다.

아모스 선지자는 "사자가 으르렁거리는데 겁내지 않을 자 있겠느냐? 주 여호와께서 말씀하시는데 그 말씀 전하지 않을 자 있겠느냐?(암3:8)."

천사가 울부짖고 고함을 치자 일곱 천둥이 제소리를 냈다. 일곱 천둥이 천사의 소리에 화답한다. 일곱은 거룩을 상징하는 숫자이다. 천둥은 하늘나라 계시를 상징한다. 하늘에서 천사의 울부짖음이 들려온다.

이처럼 천사의 소리는 크게 울리는 양심의 소리이다. 그 소리는 사자가 새끼를 유린당했을 때나 혹은 먹이를 강탈당했을 때의 으르렁 대는 것처럼 우렁차다. 그 힘과 위엄이 웅장하다.

양심의 소리는 어둠속에 들린다.

어리석은 인간은 재물, 명예, 체면, 사리사욕을 찾아 다니지만 결국 칠흑 같이 어두운 사경 중에 헤매인다. 그제서야 견딜수 없는 심정으로 "하나님 도대체 어디 계십니까?" 하고 울부짖는다.

때로는 금식하면서 "정말로 하나님이 살아계신다면..." 하면서 애절하게 하나님을 찾는다. 바로 이때 지난 세월을 돌이키게 된다. 그리고 양심을 통해서 들려오는 세밀한 음성을 경험하게 된다.

양심의 소리는 어둠에 빠져 있는 인간을 향해 사자의 우렁찬 부르짖음같이 분명하게 마음을 두드린다. 아주 조용하면서 부드럽게 들려오기도 한다. 하지만 그 소리는 분명하다.

사실 그 음성은 이미 들어왔던 음성이다. 전혀 새로운 음성은 아니다. 어둠속에 들려오는 그 음성은 새롭게 들려온다. 결국 인간이 고통중에 비틀거리고 방황하고 쓰러질 지경에서야 그 음성에 대해 응답한다.

실제적으로 마음이 답답하고 어두울 때 그 음성을 듣게 되면 마치 온 세상에서 자유를 얻은 듯이 새로운 세계를 경험한다.

고통의 정도만큼 크고 강렬하게 경험한다. 어두울수록 더욱 확실하게 내면에 들려오는 천사의 음성이다. 그 음성에 순종하는 자는 자유를 경험한다.

바울은 그 음성에 대해 이렇게 고백한다.

"내가 그리스도 안에서 참말을 하고 거짓말을 아니하노라 나에게 큰 근심이 있는 것과 마음에 그치지 않는 고통이 있는 것을 내 양심이 성령 안에서 나와 더불어 증언한다(롬9:1)."

하나님과 사람 사이의 중간 매체

"여호와께서 그에게 이르시되 나를 위하여 삼 년 된 암소와 삼 년 된 암염소와 삼 년 된 숫양과 산비둘기와 집비둘기 새끼를 가져올지니라. 아브람이 그 모든 것을 가져다가 그 중간을 쪼개고 그 쪼갠 것을 마주 대하여 놓고 그 새는 쪼개지 아니하였으며...해 질 때에 아브람에게 깊은 잠이 임하고 큰 흑암과 두려움이 그에게 임하였더니(창15:9-12)."

하나님께서는 아브라함에게 제사 드리는 짐승의 중간을 쪼개서 이쪽과 저쪽을 서로 마주보게 하셨다. 중간을 쪼갠 고기는 하나님과 교회를 의미한다. 하나님과 교회가 서로 마주 보도록 하셨다. 그런데 해가 져서 어두울 때에 타는 횃불이 쪼갠 고기 사이로 지나갔다(창15:17).

해가 져서 어둡다는 말은 영적 어둠의 상태이다. 연기 나는 화로가 보였고 불붙은 횃불이 고기 사이에 지났다고 하였는데 이는 탐욕이 불타오르고 거짓이 가득찬 상태이다.

횃불의 뜨거움은 거짓과 탐욕의 상태를 의미한다. 이것들이 쪼개 놓은 고기 사이로 지나갔다는 말은 거짓과 탐욕이 하나님과 교회 사이를 갈라놓았음을 의미한다. 거짓과 탐욕으로 사이가 멀어졌음을 의미한다. 탐욕과 거짓은 하나님과 교회를 분리하는 요인이다.

본질적으로 쪼갠 고기 즉, 하나님과 교회 사이에 양심이 그 사이에 있어야 한다. 그런데 그 자리에 거짓과 탐욕이 들어와 버린 것이다.

아브라함에게 계시된 것처럼 쪼갠 고기 사이에 횃불이 지나갔다. 양심이 사라지고 만 것이다. 주께로부터 인간에게 흘러드는 매체가 사라졌다. 결국 인간에게 죄의 환경이 만들어졌다. 죄악으로 인해 멸망당할 수 밖에 없게 되었다.

그러자 하나님께서는 양심의 법이 인간의 마음에 설 자리를 잃어버리자 그 방지책으로 더 이상 죄를 범치 않도록 하셨다.

그것은 사회 법, 죽음의 공포, 근심, 걱정 등이다. 이것들은 양심의 요소가 아니다. 단지 타인과 어울려 살기 위한 최소한의 규칙일 뿐이다. 양심 없는 인간이 질서를 지키며 살아가도록 설치한 장치이다. 근심과 걱정, 죽음의 공포, 두려움이 죄악을 제재하기 때문이다.

주께서는 양심의 소리로 계시하시고 인간을 다스리시지만 그 양심마저 없다면 결국 외적인 구속에 의해 더 이상 잘못을 저지르지 않도록 섭리하신다. 이것이 인간을 구원하시는 하나님의 방법이다.

잘못은 가책으로 되돌아온다.

요셉의 형제들이 요셉을 죽이고자 하였다. 그들은 요셉을 죽이지는 못하고 미디안 상인에게 팔아넘겼다. 고대 인신매매이다. 그로부터 시간이 지난 후에 가나안 땅에 기근이 덮쳤다. 요셉의 형제들은 먹을 곡식을 찾아서 애굽 땅에 오게 되었다.

그런데 그곳에는 자신들이 죽이고자 했던 동생 요셉이 애굽 총리가 되어 있었다. 요셉은 그 형제들이 왔다는 사실을 알고는 형들을 시험하고자 일부러 누명을 씌워서 간첩이라고 말하였다. 요셉의 형제는 누명을 쓰고는 꼼짝없이 죽게 된 지경에 떨어졌다. 그런 공포 속에서 그 형제들은 서로를 쳐다보면서 이렇게 말한다.

"우리가 아우의 일로 말미암아 범죄하였도다. 그가 우리에게 애걸할 때에 그 마음의 괴로움을 보고도 듣지 아니하였으므로 이 괴로움이 우리에게 임하도다."

그들은 지난 과거 일을 생각하면서 양심의 가책을 느꼈다. 그런 상황에서 장남 르우벤이 자신들의 잘못을 이렇게 말했다.

"내가 너희에게 그 아이에 대하여 죄를 짓지 말라고 하지 아니하였더냐 그래도 너희가 듣지 아니하였느니라. 그러므로 그의 핏 값을 치르게 되었도다(창42:21-22)."

막상 죽을 위기에 처하게 되었을 때 그들은 동생 요셉이 애걸하면서 간절하게 살려 달라고 했을 때 그 소리를 외면하고 미디안 상인에게 팔아넘긴 일을 추억하면서 반성하게 된다.

이를 다른 말로 하면 선행을 재촉했을 때 받지 않았음을 의미한다. 그래서 요셉의 피가 댓가를 찾고 있다고 말하고 있다.

그리하여 자신들이 피 값을 치르게 되었다고 한탄한다. 여기서 피 값은 양심의 찌름이다.

르우벤은 그 피가 지금 당장 자신들에게서 뭔가를 찾고 있으며 그로인해 이런 결과가 왔다고 고백한다. 양심의 찌름은 걱정을 유발한다. 그런데 찌름이 와도 무감각하고 걱정하지 않는 자도 있다.

루우벤은 과거 잘못을 인정하고 양심의 가책에 따른 고통을 호소하고 있다. 과거 잘못은 시간과 관계없이 양심의 가책으로 되돌아옴을 말해주는 대목이다.

양심과 자유

자유에 대한 오해가 있다. 자유는 자신이 무엇을 생각하고 말하든 관계없이 마음먹은 대로 행동하는 것이라고 여긴다.

그것은 자유가 아니고 방종이다. 이런 생각을 가진 자들은 이렇게 항변한다.

"나는 남에게 피해를 주지 않았는데 그게 무슨 상관이야!"

주께서는 비록 그가 남에게 피해를 주지 않았다손 치더라도 그는 이미 노예라고 말한다. 그가 노예라고 말하는 이유는 양심을 잃어버리고 죄의 종이 되었기 때문이다.

첫째 양심과 죄는 상극이다.

노예상태에 놓인 자들을 살펴보면 본능에 집착한다. 이들은 본능에 노예가 된 자들이다. 고로 자유가 무엇인지 모른다.

양심은 진리를 밝히는 등불이기 때문에 진리 없는 사상과 행동은 결국 노예이다. 진리와 죄는 공존할 수 없다.

주께서는 이를 죄의 종이라고 말씀하셨다. 양심과 죄는 상극이므로 죄를 가지고는 진정한 자유는 없다는 말이다. 지금 당장 그가 노예임을 증명하지는 못할지라도 영원한 시간에 들어간다면 분명 그가 노예였다는 라는 사실이 드러날 것이다.

그는 저세상에서 천국과 지옥 중 한 상태에 놓이게 된다. 지옥은 그 자체만으로도 악의 노예만 존재하는 곳이다.

둘째로 양심 없는 자는 타인에게 피해를 준다.

악한 자들은 나름대로 논리적인 어투로 말하지만 그 목적은 자기를 높이고 상대방을 파괴하는 데 있다. 그들은 이미 악령에게 점령당했다. 악령이 지배하여 이성적 분별력을 잃어버렸다.

그의 표정은 경직되었으며 그의 목소리는 지옥의 음산한 목소리와 흡사하다. 또 거짓된 주장을 늘어놓는데 그것은 자신이 지옥에 묶여있다는 것을 증거하는 궤변이다.

이들이 말하는 자유는 죄의 노예에 불과하다. 이런 악한 자에 대해 주께서 이렇게 말씀하셨다.

"죄를 범하는 자는 누구든지 죄의 종이다."

노예적 자유는 지옥에 소속된 자유이다. 악한 자는 지옥의 악령들과 같이 행동한다. 이들은 탐욕에 빠져 있고 불순한 의도와 더러운 쾌락에 탐닉되어 있다. 악령들은 탐욕에 의해 사는 것을 자유라고 속삭이면서 이들을 노예로 끌고 간다.

이들은 자신은 자유롭다고 생각하고 행동하지만 그 배경에는 악령이 자리 잡고 있다. 이런 자유는 진리가 있는 천국의 자유와는 질적으로 다르다. 지옥적 자유는 거짓의 상태이며 죽음의 상태이다.

또한 양심 없는 상태는 근본이 탐욕이다. 탐욕은 모든 악의 뿌리이다. 탐욕은 타락한 인간의 본성 속에 있는 가장 낮은 바탕을 이루고 있다.

성경에는 탐욕을 우상숭배라고 하였다. 탐욕은 그 자체가 노예 상태이다. 탐욕은 전염성이 있어서 타인으로 하여금 탐심을 추종하도록 자극한다. 연쇄 반응을 일으킨다.

탐욕의 정의는 선용하지 않으려는 사상이나 생각이다.

탐욕의 대표자는 주의 제자였던 가룟 유다를 들 수 있다.

그는 돈 자루를 맡았고 도둑이었다. 유다가 선생을 팔아 넘겨서 은전 삼십냥을 받았다.

그는 진리의 본체를 악마의 수중에 팔아 버렸다. 이 일을 꾸미기 위해 유다는 대제사장과 바리새파 사람으로부터 경비병과 하인들을 데리고 예수께로 몰려갔다.

이기적인 목적을 성취하고자 교권에 사로잡힌 자와 악의 무리를 데리고 와서는 주를 체포했다. 간악한 유다와 무리들은 등불과 횃불을 들고 몰려왔다. 악한 자들이 든 횃불은 왜곡된 빛이고 비양심이다. 탐욕은 이런 배반을 서슴치 않게 저지른다.

셋째 양심의 지시에 따라 행동하면 참 자유가 주어진다.

양심적으로 행동하면 평안과 기쁨이 주어진다. 양심에 저촉되면 마음이 불안하게 될 뿐만 아니라 무거운 짐을 진 상태가 된다. 죄는 큰 고통이며 괴로움의 짐이다.

양심은 하늘의 것이다. 절대로 불완전한 인간의 것이 아니다.

하늘의 신령한 것이 아니고서는 하늘나라에 입장할 수 없다. 고로 하늘의 요소를 받기 위해서는 양심이 필요하다.

양심만이 하늘의 것을 받을 수 있다.

고로 우리가 양심을 얻기 위해서 어떻게 해야 할 것인가?

그것은 주 외에는 이것을 주실 이가 없다는 사실과 그분 앞에서 자신을 살펴보고 자신의 부족함과 나약함을 인정해야 한다.

인간 스스로는 진리를 만들어낼 수 없고 선을 행할 수도 없다. 오직 양심만이 인간을 진리와 선의 길로 인도한다.

양심의 근원과 형성

질서를 배우면서 양심이 형성된다.

아이는 부모로부터 살아가는 데 필요한 모든 것을 배운다. 삶에 필요한 규칙을 배우면서 신념을 갖는다. 그리고 초기 양심이 형성된다. 어린아이에게 양심이 생기는 이유는 그들이 비록 무지하지만 순수하기 때문이다. 아이들의 순수함은 양심이 싹트는 환경이다.

우리는 자신의 생각이 가장 올바르다고 믿고 있다. 자신이 볼 때는 그 생각이 가장 바른 것 같지만 그렇지 않을 수 있음을 알아야 한다. 자신의 생각은 오랫동안 익숙하게 젖은 관념이기 때문에 단지 옳다 라고 믿을 뿐이다.

우리가 알아야할 사실은 단지 생각만으로는 절대로 양심을 제대로 이해하지 못한다는 점이다.

양심은 실천하고자 하는 의지와 함께 선행이 아니면 양심이 형성될 수 없다.

선하지 않은 양심은 없다. 선과 양심은 매우 밀접하다. 선하지 않은 생각을 반복하면 양심은 존재하지 않는다. 선하지 않은 생각을 반복하는 것은 강박적 신념이 되어서 양심을 소멸한다.

그러면 선한 생각은 어디에서 오는가? 진리에서 비롯된다.

진리는 너무나 그 범위가 광대해서 한마디로 표현하기 어렵다. 간단하게 말하면 삶속에 있는 올바른 질서이다.

고로 바르게 살고자 하는 동기가 없으면 진리를 모른다. 또 바르게 살고자 하는 데서 양심이 싹튼다.

예컨대, 어려서 부모의 말을 듣지 않고 자란 이를 보면 자기 인식의 능력이 매우 부족함을 볼 수 있다. 자신이 무슨 행위를 했는지 또는 무엇이 잘못되었는지 인식 능력이 부족하다.

그는 아무런 제재나 규칙 없이 야생마처럼 자랐기 때문에 자신의 행위에 대해 잘잘못을 판단하는 눈이 없다. 행위에 대한 규칙을 배우지 않고 그대로 방치하면 행위의 잣대를 잃어버리게 된다.

이렇게 누구의 간섭과 교육 없이 자란 이들의 결과는 감각적 본능에 의해 움직이거나 방황한다. 일정한 궤도가 없다. 이들을 보면 자신의 행위에 대해 죄책감과 반성, 양심의 찔림조차 없다. 그 이유는 행위 기준의 푯대가 이미 무너져 버렸기 때문이다. 그러면서 잘못된 행위에 대해 통제하면 강하게 항변한다. 그의 엄청난 에너지는 본능적 에너지이다.

반면에 어려서부터 법과 규칙을 배운 이들의 경우, 자신이 규율에 조금이라도 이탈하여 행동하면 죄책감을 느낀다. 규칙에 약간이라도 위배되기만 해도 가책을 느낀다. 그래서 규칙에 반대되게 행동한다는 것은 고통이다.

규칙을 위반해서 느끼는 죄책감을 가짜 양심이라고 부른다.

여기에서 참된 양심을 갖게 되는 기초가 싹튼다. 가짜 양심은 규칙에 의한 죄책감이지만 참된 양심은 하늘의 규칙에 대한 찔림이다.

성인이 되면서 이성을 가지고 참과 거짓, 선과 악의 분별을 한다. 또 자신이 벌인 일에 대해 반성을 하고 시시비비를 가리게 된다. 그러면서 그 일을 판단하는 능력이 확장된다.

신앙을 가지면서 그 능력은 더욱 확장되어 자신이 생각해 왔던 신념이 진리의 입장에서 볼 때 아무 것도 아님을 알게 된다.

진리를 배우면서 삶의 절대적 가치기준이 있음을 알게 된다. 그는 진리를 따르면서 신앙 양심을 받는다.

속사람의 양심

인간의 마음에는 속사람, 겉사람이 존재한다. 속사람은 내적이고 겉사람은 외적이다. 양심은 속사람 안에 있다. 양심은 속사람을 통해서 겉사람에 흘러 든다.

속사람과 겉사람 모두 마음속에 내재한 존재이다. 속사람은 하늘나라를 담는 마음이고 겉사람은 세속과 접촉하는 마음이다. 세상에 드러나는 마음은 결국 겉사람이다.

인간 관계를 하거나 일을 할 때는 겉사람이 활약한다. 하지만 속사람의 영향으로 겉사람이 움직인다. 어떤 이가 양심적이라는 말은 속사람의 양심이 겉사람에게 흘러서 드러났다는 말이다. 고로 속사람의 영향을 받지 않고 겉사람만으로 활동하면 비양심적으로 행동한다.

속사람에 있는 양심을 겉사람이 단절하면 속사람과 겉사람은 관계가 끊어진다. 그러면 겉사람에는 비양심만 남는다.

속사람이 겉사람을 지배하면 겉사람이 속사람을 두려워하게 된다. 왜냐하면 겉사람의 악은 속사람의 양심과 충돌하기 때문이다. 만일 인간이 의지적으로 거짓을 추종한다면 그는 즉시 지옥의 두려움에 사로잡힌다. 이 두려움은 속사람의 양심에 대한 무서움이다.

인간은 본래 악에서 출발하였기 때문에 본성적으로 악행에 대해 관대하다. 그러나 거듭난 자는 양심에 반대되는 행동이나 말을 하면 시험에 빠지고 고통 속으로 들어간다. 이런 고통에서 벗어나고자 가능한 만큼 잘못된 행위를 수정한다. 바로 이것이 양심에 의해 진리를 따르게 되는 계기가 된다. 양심은 행위를 바르게 고치는데 초점을 맞춘다.

생각과 양심은 다르다

생각과 양심은 다르다. 생각은 양심에서 나온다. 양심의 내용은 생각으로 전달되어 양심을 펼쳐 놓는다. 고로 양심이 있는 자는 선한 생각이 지배적이다. 그래서 타인에게 악심을 품거나 파괴하고자 한다면 양심에 의해 저지당한다.

생각의 근원은 살펴보면 세 가지이다.

첫째는 양심에 의한 생각이다.

양심적 생각은 기본적으로 선행이다. 삶의 현장에서 이웃에게 선행을 베풀고자 한다. 자신이 가진 것이 없다고 할지라도 **이웃에게 베풀면서 살기를 원한다.**

이들은 과거 공로를 내세우지 않는다. 자신이 과거에 무슨 일을 했다는 공로를 내세우는 식의 기억은 이미 죽은 것에 불과하다. 오직 삶에서 확증된 것만이 살아있는 지식이다.

양심적 생각은 선을 목적하기 때문에 언제나 이타적이다. 언제나 선을 생각하고 악을 용납하지 않는다.

둘째는 양심 없는 자의 생각이다.

양심없는 생각은 기본적으로 거짓 관념이다. 본능적이고 감각적이며 거짓이 가득하다. 양심없는 생각은 이기적이다.

본능에 의해 생각하는 자는 자신들은 양심적이라고 말하지만 양심이 무엇인지조차 모른다. 언제나 탐욕적이고 헛된 망상이 가득하다. 엄밀하게 말해서 이런 생각은 지옥에서부터 올라온다. 그럴수록 이들은 자기 외모를 더욱 치장한다. 세련된 외모와 숙달된 격식으로 한껏 포장한다. 이를 짐승으로 말하면 양의 탈을 쓴 늑대와 같다.

양심적 생각과 양심 없는 생각의 차이는 천국과 지옥의 간격만큼이나 크게 차이가 난다.

셋째는 양심을 인정하지 않는 자이다.

자신을 스스로 지식인이라고 말하면서 신(神)을 인정하지 않는 자가 있다. 그는 주장하기를 인식된 것만이 전부라고 말한다.

그러다가 간혹 광대한 자연의 이치와 조화와 순환 과정을 보면서 신(神)은 존재한다고 말하기도 한다. 하지만 그는 신(神)의 뜻대로 사는 것은 거부한다. 자아에 인식되지 않기 때문이다.

그는 자아 이외의 세계가 존재하고 있음을 믿지 않는다. 자아 안에서 모든 것을 판단하지만 자아를 떠난 다른 세계에 대해서는 전혀 인정하지 않는다.

그는 자아가 인식하지 못하면 없는 것이라고 말한다. 만일 그나마 자아가 사라져 버린다면 인식하는 기능조차도 없어져 버리기에 죽었다고 말한다.

그에게 "당신에게 자아 외에 무엇이 있다고 생각하십니까?" 하고 묻는다면 그는 이렇게 대답한다. "그것은 내가 알 수 없으니 존재하지 않는 것입니다."

그는 자아가 없어진다면 자신은 연기처럼 사라져 버리고 말 것이라고 여긴다. 죽음에 대해서도 말하기를 인간의 혼은 구천에 떠도는 연기 같다고 말하고 모든 에너지가 흩어져 버리는 물체

라고 생각한다. 이런 생각은 스스로를 아무 것인 망상적 존재로 시인한 것이다.

이들에게 양심에 대해 물어보면 말하기를 "양심은 하나의 지나치는 생각, 쓸데없는 염려와 근심, 지나친 망상이다"고 말한다.

눈에 보이지 않으니 인정하지 않는 것이다. 이들은 이것이 수준 높은 지식이라고 말하지만 영적 어둠속에 빠져 버린 인간의 수준이다. 이들의 삶을 보면 자기중심적이고 감각과 편협한 지식의 수준에만 머문다.

천적인간과 영적인간의 차이

인간의 상태를 천적 인간과 영적 인간으로 분류할 수 있다. 천적 인간과 영적 인간은 질적인 면에서 다르다. 천적 인간은 지각적인 반면에 영적 인간은 양심적이다.

지각은 내적 감각이고 양심은 내적 소리이다. 쉽게 말해서 지각은 내적 감각으로 온 몸과 영혼 전체로 선악을 구분하지만 양심은 이해력으로 선악을 구분한다.

에덴 동산에 살았던 인간들은 지각으로 하나님의 음성을 들었다. 그들은 내적 감각에 의해 사랑하는 삶을 살았다.

이에 반해 영적 인간은 양심이 가르쳐주는 대로 분별하고는 인정되면 그 후에 사랑한다. 이런 차이가 있다.

신앙적 측면에서도 천적 인간은 사랑에 근거한 신앙이 아니면 신앙으로 인정하지 않는다. 사랑으로 신앙을 지각한다. 천적 인간은 사랑하는 마음으로 살아가지만 영적 인간은 진리를 순종하는 마음으로 살아간다.

천적 인간은 진리에 관하여 결코 의심하지 않는다. 사랑으로 받아들이기 때문이다. 이에 비해 영적 인간은 진리를 분별하고 이것이 과연 그러한가 하는 생각으로 판단한다. 그리고 양심의 잣대로 이해한다.

천적 인간은 선한 의지를 가지고 선이라고 여기면 곧바로 실행에 옮기지만 영적 인간은 먼저 이해한 후에 확신한 후에 실행에 옮긴다. 영적 인간이 천적 인간에 비해 희미한 수준이라고 말하는 이유이다.

본래는

본래 에덴동산을 구성한 모든 인간들은 천적 인간들이었다.

그들은 사랑하는 마음을 가졌다. 그들의 후손도 사랑을 이어받았다. 무슨 일이든 사랑하는 마음으로 행동했다. 사랑하는 마음이 삶 전체를 통제했다. 그들을 두고 지각이 뛰어난 존재들이라고 부른다.

그러나 그렇게 사랑으로 살았던 이들에게 거짓이 들어오게 되었다. 홍수가 온 지면을 덮었다는 것은 거짓이 모든 인간들의 마음을 점령했음을 의미한다. 온통 거짓이 마음을 점령했기 때문에 거짓을 분별하는 기능이 필요하였다.

그리하여 인간의 마음 구조가 바뀌게 되었다. 이제는 사랑으로 무조건적으로 받아들이는 것이 아니라 사리 판단하는 기능을 하는 양심이 들어오게 되었다.

홍수 이후, 사람들은 양심의 눈이 발달하게 된다. 오늘날 사람들도 이에 해당된다. 홍수 이후의 사람들은 천적 사람들처럼 선한 의지 보다 이해하는 능력이 앞선다. 양심의 판단으로 선행을 하게 된다. 천적 인간과는 그 방법이 다르다. 뭐든지 양심을 통해서 선행을 실천 하였다.

오늘날에도 양심이 있어야 진리를 믿을 수 있다. 양심은 선행과 결합하여 신앙 양심을 구성한다. 또 인간이 선행을 하면 은밀하게 양심이 심겨진다. 주께서 하시는 일이다.

성경에 "여호와께서 아브람에게 나타나셨다. 그에게 말하시기를 나는 전능한 하나님이다. 너는 내 앞에서 걸으라, 그리고 너는 완전하라(창17:1)."

완전하라는 말은 선행을 의미한다. 양심에 의해 선행하는 것을 말한다. 양심이 선행을 확장하기 때문이다.

진정한 의미에서 신앙은 양심에 의한 선행이다. 기독교 역사에서 초대 교회에서 신앙을 갖는 것은 곧 양심을 따르는 작업이었다. 초대 교인들은 양심으로부터 행동하여 선행을 베풂으로 주위 사람들을 놀라게 하였다. 그래서 세상으로부터 칭찬받는 그리스도인이 되었다. 그들의 신앙은 오로지 선행을 실천하는 데 주력했다.

양심에는 영역이 있다

양심에는 속과 겉이 있다. 양심의 속은 내적 양심이고 겉은 외적 양심이다. 내적 양심은 선과 진리가 있고 외적 양심에는 공평과 공정이 있다.

외적 양심은 있더라도 내적 양심이 있는 자는 드물다.

외적 양심을 가진 자는 공정하지 못하거나 공평치 못한 것을 보면 양심의 찔림을 받지만 내적 양심의 요소인 선과 진리는 없다.

그러나 내적 양심이 있는 자는 선과 진리는 물론 공평과 공정에 어긋나기만 하여도 고통스러워한다. 자신의 이익 때문이 아니고 선과 진리, 공정과 공평에 반대되었기 때문이다.

천사들은 양심 안에 들어와서 선과 진리의 애착, 공정과 공평에 애착을 갖도록 이끈다. 천사의 방문 목적이다. 이는 주께서 인간을 다스리시는 수단이다.

첫째 내적 양심이다.

내적 양심에는 선과 진리가 담겨 있다. 근본적으로 성경의 모든 진리는 내용적으로 보았을 때 선과 진리이다.

내적 양심을 가진 자들은 선과 진리에 대한 깊은 애착이 있다. 그 애착의 깊이 만큼 양심의 품질이 있다.

천국은 선과 진리를 가진 백성들이 모인 곳이다. 천국은 선과 진리의 상태이고 그것이 천사들로 부터 양심에 흘러든다. 천국 백성들은 모두 양심 안에 있는 선과 진리를 따르는 자들이다. 양심 안에 선과 진리를 받아들여 삶에 나타내도록 증거한다. 그러나 선과 진리에 목표를 두기보다는 자기에게 공로를 돌리면 내적 양심에 위배된다.

만약 비진리와 추론을 말하면서 이것이 선과 진리라고 꾸며서 가르친다면 그것은 타인의 내적 양심을 빼앗는 행위이므로 강도 같은 짓이다. 그 같은 짓은 내적 양심이 없는 자가 저지르는 영혼의 살인이다.

둘째 외적 양심이다.

외적 양심은 공정과 공평이다. 공정과 공평은 누구에게든지 평등 하고 치우치지 않으며 피해를 주지 않는 것을 말한다.

이렇게 되기 위해서는 정직이 필요하다. 외적 양심을 가진 자는 정직할 뿐 아니라 타인에게 해를 끼치지 않고 누구에게나 평등하게 대한다. 만일 공무원이나 사회 지도자가 외적 양심이 없으면 그에게 아부하거나 빌붙어 사는 자에게만 특혜를 제공한다. 공정과 공평은 주변에 있는 이들에게만 편파적으로 잘해주는 것이 아니다.

외적 양심은 내적 양심에 비해서 선과 진리의 강도는 약하다. 그러나 인간이 타인과 접촉하고 상업을 하고 사회 생활을 영위할 때 이 양심을 갖고 있으면 그는 사회에 유익을 주므로 칭찬과 존경을 받는다.

사회 지도자가 이 양심을 갖고 실행한다면 그 사회는 평온하고 안정된다. 고로 지도자들은 이 양심으로 법을 제정하고 기회를 균등하게 주어야 한다. 더구나 국가 지도자는 더욱 말할 나위 없다. 헌법과 법률이 공정과 공평에 맞는 지를 살피고 그에 맞게 직무를 수행해야 한다.

한 가정에서도 마찬가지이다. 가정에서 아버지나 어머니가 외적 양심을 가지고 배우자 뿐 아니라 자녀들과 친인척들에게 공정과 공평을 유지한다면 자유롭고 행복한 삶이 주어진다.

십계명은 그 내용에 있어서 보편타당하게 반포되는 외적 양심과 내적 양심에 의해 기록되어 있다.

십계명을 문자적으로만 보면 외적 양심을 알 수 있다.

십계명에 있는 8계명은 "도적질하지 말라"라고 말하고 있다. 도적질은 타인의 재물을 강탈, 약탈하는 것을 말한다. 남의 소유물을 속여 빼앗거나 타인에게 손해를 끼치게 하여 부당한 이득을 취하는 것이다.

세부적으로 하면 상인들이 저울을 속이거나 판사들이 뇌물 때문에 법을 악용하는 것 등을 말한다. 사기, 고리대금업, 강제압수, 사채 징수 등을 말한다. 8계명은 사회에서 공정과 공평을 무시하고 탐심을 부리는 것을 금하는 법이다.

양심의 빛

양심은 마음의 상태를 보는 선한 눈이다. 양심의 눈은 내적으로는 선과 진리의 잣대이고 외적으로는 공정과 공평의 잣대이다. 나는 자신을 양심의 빛에 비추어 보았다. 양심의 눈으로 본 나의 모습은 너무나 더럽고 추악한 죄인이었다. 양심의 빛에 비춘 모습을 다음과 같이 적어 보았다. 다음은 그 고백이다.

"어느 날 내 영혼을 보니 나는 온 몸에 피가 더럽혀져 있었습니다. 어느새 피가 썩어서 악독이 발생하고 그 독은 온 몸에 삽시간에 퍼져 내 몸은 더러운 곤충과 독사가 우글거리는 더러운 습지가 되어 버리고 말았습니다.

나는 이미 정신이 혼미해질 대로 혼미해져 도저히 정신을 차릴 수 없는 지경에 이르렀습니다. 피가 썩은 곳에서는 썩은 고름이 차오르고 그 곳에서는 이미 벌레가 생겨 뜨거운 태양 아래 지독한 냄새를 풍기고 있었습니다.

나는 갑자기 이런 느낌이 들었습니다. 아! 나는 드디어 해골 골짜기에 이르렀구나! 마침내 나는 내가 원치 않는 그곳에 살고 있다는 것을 이제야 발견하게 되었습니다.

나는 살아오면서 내 몸에 피가 더럽혀져 있음을 발견했습니다. 피가 뭉치고 독이 발생한 내 몸은 이미 어두운 지옥 그 자체였습니다.

피는 썩은 채 내 주위에 흘러나와 아무도 내 곁에 사람이 없었습니다. 썩은 피의 냄새를 즐겨하는 온갖 짐승들만 우글거리고 있었습니다.

나는 늦었지만 내 몸을 이제라도 새롭게 검토하고자 합니다.

만일 지금이라도 검토하지 않으면 피가 굳어져서 혈관이 막히고 피가 멈추어 버려 몸은 그대로 굳어버리게 되어 소금기둥이 되거나 짐승처럼 될 것이기 때문입니다.

아! 나는 이 구절이 생각났습니다. 자기 목숨을 얻는 자는 잃게 되고 주님을 위해 자기 목숨을 잃는 자는 얻게 된다는 것입니다.

나는 양심에 비추어 내속에 음란, 거짓, 도둑질, 주님을 모독하거나 훼방한 것이 없는 지를 찾아보기 시작했습니다. 이런 것이 내 혈관 속에 돌아다닌다면 악독이 극에 이르러 마침내 나를 지옥 깊은 곳에 쳐 넣어버리고 말 것이기 때문입니다.

나는 이제 양심을 밝혀 지옥의 골짜기로 향하던 나의 발걸음을 멈추고 거짓된 생각과 악한 삶, 자기만족적인 행위, 정욕을 제거해야만 합니다. 그렇지 않으면 나는 환란과 기근으로 메말라 죽을 것입니다.

나는 생명을 얻기 위해 시커먼 연기와 같은 정욕을 제거하고 진리를 행함으로 천국의 낙원으로 향해야 합니다. 이는 회개에 의해 이루어집니다. 또한 선한 삶에 의해 이루어집니다. 만일 회개하지 않으면 깨달음이 점차로 사라지게 될 것입니다. 내게 선의 열매와 진리의 깨달음이란 생명과 같습니다.

지금부터 나는 아이 같이 내 자신이 아무 것도 아님을 알고 순수한 의도로써 마음 속의 마당에 더러워진 생각의 악을 빗자루로 쓸어버려야합니다.

내 안에 깊이 심겨진 악마의 가라지를 뽑아내야 합니다. 만일 그렇지 않으면 숨어있는 독사는 뛰어나와 어느새 나를 물어버릴지 모릅니다. 악은 여러 모양으로 내게 다가와 나를 설득하여 지옥의 구덩이로 나를 밀어버리고자 합니다. 그러나 나는 주를 사랑하고 이웃을 사랑하는 마음을 가지고 주의 나라에 사는 것을 소원하며 그 나라의 영들과 교제합니다.

내게는 천사의 지혜를 사모하며 선하신 주의 인도를 기다립니다. 천국에서 오는 새 영은 교훈과 깨달음으로 나로 하여금 그 나라에 이르도록 도와줄 것입니다."

양심이 흘러드는 과정

속사람 안에 있는 양심이 삶의 현장으로 흘러가는 과정을 생각해 보자.

양심이 흐르는 생명 줄은 진리이다. 진리는 선이 흐르는 힘줄이다. 진리의 힘줄로 양심이 흐른다. 양심이 흐르는 순서는 다음과 같다.

양심은 근원지인 속사람에서 시작하여 겉사람으로 흘러든다.

속사람은 겉사람의 상태가 어떤 상태인지 주도면밀하게 살핀다. 그리고 합리성과 연결한다. 합리성은 속사람과 겉사람을 연결시키는 매체이다. 속사람은 합리성을 통해 겉사람과 교통하고 겉사람은 합리성을 통해서 속사람과 연결된다.

합리성은 속사람과 겉사람의 중간에서 둘 사이를 연결하는 매체이다. 합리성에는 공평, 공정, 진리, 선을 인식하는 사고력이다. 이런 덕목은 현실을 판단하는 능력을 만들어낸다.

속사람은 합리성을 가지고 겉사람과 접촉하고 겉사람은 합리성으로 인해 속사람과 연결된다.

합리성은 주로 겉사람이 시험, 불행, 아픔과 같은 경험을 할 때 더욱 뚜렷하게 드러난다. 현실의 고통을 경험하면서 새로운 인식을 하기 때문이다.

만일 합리성이 없으면 겉사람은 기억이나 감각적, 육체적, 물질적 차원에만 머무른다. 이렇게 되면 겉사람은 양심이 소멸된다. 합리성이 없으므로 양심을 받아들이지 못하기 때문이다.

또한 겉사람이 세상과 접촉하면서 이기심에 가득하거나 위선을 하게 되면 속사람은 겉사람과 투쟁한다. 속사람은 양심을 동원해서 겉사람을 찌른다. 양심의 찔림이다.

그래서 겉사람을 질서가운데 돌려놓고자 한다. 만일 겉사람이 이에 부응하여 양심의 소리에 순응하면 겉사람은 순수해진다.

겉사람이 양심을 받지 않으면 환란과 시험이 찾아온다. 시험과의 전투를 통해서 거짓이 제거될 때 양심 안에 있는 선과 진리가 들어오게 된다.

결국 시험을 통해 겉사람이 양심에 순응하는 상태가 된다. 이런 과정을 거쳐서 인간은 생활 속에서 양심과 함께 살아간다. 이 과정은 사람마다 정도 차이는 있다. 하지만 누구든 동일하게 경험되는 과정이다.

양심의 결과

양심은 하늘의 음성을 들려주므로 새로운 이해와 의지가 형성되게 한다. 양심은 선과 진리, 공평과 공정의 내용을 통해 인간으로 하여금 바르게 살도록 깨닫게 하고 돌이키게 한다.

인간은 양심의 소리를 들었다고 해서 행실을 바로잡지 않는다. 양심대로 살기가 너무 어렵다고 변명한다. 오히려 고집스럽게 끝까지 버틴다.

그러나 양심이 잘못을 가르쳐 주었을 때 순수한 마음으로 그대로 실천하면 새로운 의지가 생긴다. 그 의지는 이전과 다른 의지이다.

새로운 의지의 형성과 더불어 새로운 이해도 생긴다. 양심을 받아들인 결과이다.

고로 지금과 다른 새로운 존재가 되기를 원하거든 양심에 따라가야 한다. 양심에 인해 새로운 의지가 주어져서 변화된 삶을 얻기 때문이다. 새 의지가 형성됨은 그만큼 거듭났다는 증거이다.

그러나 양심에 반대되게 행동하는 것은 새로운 의지를 원치 않는다는 증거이다.

습관

어려서부터 터득된 습관이 있다. 생각하는 법, 말하는 법, 걸음걸이, 음식을 먹는 방법, 손짓 발짓, 용모에 이르기까지 습관이 형성된다.

 어려서 질서대로 살고 타인에게 해를 끼치지 않으려고 노력하고 주어진 일에 대해 성실한 삶을 산다면 양심도 동일하게 성장된다. 진리와 함께 양심이 형성된다. 그리고 확장되면서 선한 양심이 된다.

 반대로 어려서부터 거짓되게 살고 타인에게 해를 끼치면서도 잘못을 느끼지 못하고 본능에 의해 살아왔다면 그의 양심은 거짓 양심이 만들어진다. 거짓 양심은 양심인 듯 보이다가도 욕심에 이끌리어 양심을 파기하는 양심이다. 이는 참 양심이 아니다.

 고로 어려서부터 질서를 배우고 타인에게 유익하게 하는 선행을 배운다면 그것은 진리를 터득하는 삶이 된다. 사는 동안 양심은 그를 따라다니면서 삶의 길을 안내한다. 진리에 따라 행동하는 것은 곧 양심에 따라 행동하는 것이다. 양심이 위배됨은 진리에 반대 된다.

지각과 양심

 본래 인간에게는 지각이 있었다. 창세기에 등장하는 에덴동산의 인간들은 지각을 통해서 하나님의 음성을 들었다. 그들이 지각을 가질 수 있었던 이유는 순수했고 사랑의 의지가 있었기 때문이다. 그것이 태고적 인간들의 특성이었다. 지각은 순수한 사랑이 있을 때 주어지는 특별한 능력이다.

성경에는 "벌거벗었으나 부끄러워 아니하더라" 라고 말하고 있는데 이는 그들이 솔직하고 선한 본성을 갖고 있음을 의미한다. 시간이 지나면서 인간에게 순수가 파괴되기 시작하였다.

마음속에 사랑이 식어지고 오히려 관념과 이론을 앞세우게 되었다. 그 증거가 창세기에 등장하는 '네피림' 이다.

네피림은 거짓 이론을 내세워서 사상을 지배하는 자들이다. 이들은 설득력 하나로 온 세상을 장악했다. 그리하여 세상은 거짓이 편만하게 되었고 더욱 악으로 치닫게 된다.

이로 인해 인간들의 마음속에 있는 지각이 상실되기 시작하였다. 온 세상은 이론과 지식만으로도 무엇을 이룰 수 있을 것이라고 여겼다. 지식이 사랑보다 앞서게 되었다.

그리고 지식적 믿음을 제일로 여기는 종교가 탄생한다. 이론이 유토피아를 건설해줄 것처럼 착각한다. 그러나 이는 망상에 불과하다. 좋은 세상을 이루려면 사랑이 우선되어야 한다.

하나님께서는 인간의 마음속에 양심을 심으셨다. 양심은 마음속에서 지각의 자리를 차지 하였다. 사랑을 잃어버린 인간들은 양심을 통해 바른 지식을 알게 된다.

구약 성경에 "여호와께서 말씀하신다" 는 표현은 양심을 통해서 하나님의 음성을 듣는 것을 의미한다. 양심은 계시, 깨달음, 내적 음성으로 표현된다. 고대인들의 언어적 습관은 깨달음이 주어졌을 때 "여호와께서 말씀하셨다" 라는 표현을 했다.

어떤 진실된 것을 표현하거나 양심을 통한 깨달음이 주어졌을 때 그런 식으로 표현하였다.

양심과 맹세

맹세는 진실을 확증하기 위한 수단이다. 양심은 최고의 진실
됨을 증명하므로 양심이 있다면 굳이 진실을 확증하기 위해서
맹세할 이유가 없다. 진실성에 대해서는 양심 그 이상이 없다.
양심은 최상의 진실이다.

주께서 맹세에 대해 이런 말씀을 하셨다. "나는 너희에게 이
르노니 도무지 맹세하지 말지니 하늘로도 하지 말라 이는 하
나님의 보좌임이요 땅으로도 하지 말라 이는 하나님의 발등상
임이요 예루살렘으로도 하지 말라 이는 큰 임금의 성임이요(마
5:34,35)."

첫째, 하늘은 하나님의 보좌이므로 맹세하지 말라.

그 의미는 천국을 두고 맹세하지 말라는 뜻이다.

천국을 두고 맹세하는 것은 천국의 주인 되시는 하나님을 두고
맹세한다는 의미이다. 그러나 진정으로 하나님을 믿고 따름은
그 자체가 최고의 진실을 확증한다.

그런데 그가 맹세하는 것은 천국을 보증 삼아 맹세를 더욱 크
게 여긴다는 의미이다.

이렇게 맹세한다면 자신의 명예를 위해 아버지를 들먹거리는
것과 같다. 아버지를 따름 자체가 진실인데도 불구하고 맹세까

지 함은 자신을 부정하는 모양이다.

아버지 자체가 크신 분이고 존경의 대상인데 그런 아버지가 자신의 맹세거리로 전락하기 때문이다.

둘째, 땅으로도 맹세하지 말라.

그 이유는 땅은 하나님의 발등상이기 때문이다. 여기서 땅은 교회를 의미하는데, 교회를 두고 맹세하는 것은 진리를 두고 맹세한다는 뜻이다.

교회는 진리의 전당이다. 진리를 따른다는 것은 양심을 따른다는 의미이고 최상의 진실이다.

양심에 따르는 자는 그 자체가 진실을 말하는 것인데 여기에 두고 맹세하는 것은 맹세를 진리보다 우위에 둔다는 것을 말한다.

맹세를 하는 이유는 진실된 마음을 확증하기 위한 목적이다. 양심이 있는 자는 맹세를 수단으로 확증할 필요가 없다. 양심 그 자체가 최고의 진실이다. 오히려 양심 있는 자에게 맹세는 수치스러운 일이다. 양심이 진실을 속박한다.

주의 보살핌

천사의 나팔 소리

천사는 주의 백성들을 보살피는 하나님의 대리인이다. 천사
는 하늘의 소식을 인간에게 전해주어서 하늘의 뜻에 맞게 살
도록 독려한다.

요한계시록에는 큰 나팔을 지닌 천사가 등장한다. 큰 나팔을
가졌다는 의미는 사람들을 불러 모은다는 의미이다. 사람들을
불러 모으는 이유는 진리를 전하고자 하는 이유 때문이다.

또 사도 요한은 하나님 앞에 일곱 천사가 서 있는데 일곱 나팔
을 받았다고 하였다(계8:2).

일곱 천사는 누구일까? 일곱 교회가 보편적인 교회를 뜻하고
보좌 앞의 일곱 영이 전능하신 분의 영을 뜻하듯이 하나님 앞에
있는 일곱 천사는 천사들의 천국을 의미한다.

나팔 소리는 난공불락이던 여리고의 성벽을 허물었고 미디안
의 수많은 적을 흩어져 달아나게 했다. 나팔 소리는 신성한 진

리를 상징한다. 진리를 겸손하게 받고자 하면 어느 누구도 방해할 수가 없다. 그래서 일곱 나팔이 일곱 천사에게 주어졌다고 말한다. 주께서는 천사를 동원해서 그분의 뜻을 전하시기 때문이다.

높은 천사

각 사람마다 천사는 늘 함께 한다. 천사는 각 사람의 상태와 품성에 맞게 따라 다닌다. 우리는 늘 천사와 함께 있지만 다만 그 존재를 의식하지 못한다. 천사는 인간이 죄의 어둠에 넘어가지 않도록 보호한다.

성경은 아무리 보잘 것 없는 자라도 업신여기지 말아야 하는 이유에 대해 이렇게 말한다.

"삼가 이 작은 자 중의 하나도 업신여기지 말라 너희에게 말하노니 그들의 천사들이 하늘에서 하늘에 계신 내 아버지의 얼굴을 항상 뵈옵느니라(마18:10)."

그 이유는 그들의 천사가 하나님 아버지의 얼굴을 보기 때문이다. 어린아이에게는 최고 높은 천사가 따라다닌다. 아이들에게는 순진무구한 마음 상태를 갖고 있기 때문이다. 순진무구한 마음 상태야 말로 높은 천사가 함께 하는 마음 상태이다.

그리고 아이들과 함께하는 천사는 언제나 하나님 아버지의 얼굴을 바라보고 있다고 하였다.

천사와 악령의 전투

천사는 영적 존재로 인간의 성품을 완전하게 지각한다. 우리가 무엇을 생각하는지 어떻게 느끼는 지 세밀한 부분까지 정확하게 지각한다.

오히려 내가 자신을 아는 것보다 더 명확하게 판단한다. 그래서 악한 영이 인간을 지배하려고 하면 이를 알고서 사전에 악령을 차단한다. 인간을 가운데 두고 천사와 악령의 전투가 벌어진다. 서로 자기편으로 끌어 들이려는 싸움이 팽팽하게 진행된다. 이것이 시험의 전투이다.

그가 누가 되었든지 간에 각 개인에게는 천국에서 온 천사와 지옥에서 온 악령이 배치되어 있다. 그들은 인간을 사이에 두고 평형 상태를 유지한다. 인간은 그들을 통해서 천국 혹은 지옥과 교류한다.

만일 우리가 진리를 멀리하고 욕망대로 산다면 지옥으로부터 온 영이 접근한다. 이렇게 되면 천사는 물러나지만 아주 멀리 떠나는 것은 아니다. 천사는 우리가 욕심을 버리고 진리를 선택하기를 기다린다. 그래서 자신의 잘못을 깨닫고 회개하고 선을 선택하면 천사들은 기뻐하고 교류한다. 그때 지옥의 영은 물러난다. 그러나 지난 잘못에 대해 아무런 반성이 없으면 이는 천사와 교류하겠다는 의지가 없기 때문에 지옥의 영이 다가온다.

그러면 악령의 지배를 받는다. 이처럼 인간들에게는 영들의 교통이 있다.

시험과 양심

 세상에 살면서 고난과 시험 없이 사는 자는 없다. 시험이 오면 마음의 안식을 잃어버리고 낙심하거나 좌절한다. 인간은 누구든지 시험이 오는 것을 두려워하고 회피한다. 하지만 시험을 이기면 마음이 평온해지고 새로운 인격을 갖게 된다.

 시험은 악령이 가져다준다. 악령이 인간을 시험하는 이유는 거짓을 심어서 황폐한 마음을 갖도록 함이다. 인간이 시험당할 때는 거짓의 정도에 따라 슬픔과 분노, 고통스런 감정이 다양하게 교차한다. 하지만 시험을 통해서 악이 얼마나 무서운 것인지를 알게 되고 그것을 혐오하게 된다. 시험을 이김으로 거짓과 악을 무너뜨릴 수가 있는 기회가 된다. 그리고 새로운 인격이 형성된다. 새 인격으로 천국의 기쁨을 맛보게 된다.

 시험은 누구에게나 오지만 그것을 어떻게 대처했느냐에 따라 인격이 달라진다. 시험을 통해서 거듭나서 새 인격이 만들어지든가 아니면 고통스런 감정이 올라오든지 한다.

시험은 각자의 상태에 맞게 온다.

주는 악마에게 시험을 받으셨다. 그분의 시험은 인간이 당하는 정도의 시험이 아니었다. 그분이 겪은 시험은 이루 말할 수 없는 혹독한 시험이었고 극단적 고통이었다. 그분은 지옥에 포위된 상태였다. 하지만 그분은 모든 시험을 완벽하게 정복하셨다.

시험과 양심

혹자는 왜 하나님께서 에덴동산에 선악을 알게하는 나무를 가져다 놓았는지를 이해하지 못한다고 말한다.

또는 하나님께서 인간이 선악과를 따먹도록 가만 내버려 두셨는가 라고 말하면서 이해 못하겠다고 한다. 심지어는 오히려 하나님은 아담이 죄 짓게끔 하셨다고 까지 말하고 그것은 죄지은 인간을 지옥으로 던져 버리기 위해서 라는 말을 한다.

이렇게 말하는 이유는 그들이 성경의 의미도 모르고 하나님을 모르기 때문이다. 그러면 시험에 대해 몇 가지를 살펴보도록 하자.

첫째 애착의 정도만큼 시험이 온다.

악마는 시험으로 인간을 넘어뜨리고자 한다. 악마는 인간들이 무엇을 좋아하는 지를 정확하게 파악하고 있다.

그래서 인간의 애착을 가지고 시험한다. 그 애착이 제아무리 작은 것이라고 할지라도 그 틈새를 비집고 들어와 그것을 빌미로 넘어뜨리고자 한다.

애착의 강도에 따라서 시험을 하는데, 강도가 심하면 강하게 공격을 하고 강도가 약하면 약하게 시험한다. 그렇다고 인간은 애착을 안 가질 수 없다. 시험은 애착에 비례해서 온다.

그러면 양심의 역할은 무엇인가? 양심은 애착이 어떤 상태인지를 스스로 가늠하도록 가르쳐 준다. 자신이 무엇을 좋아하는지를 양심이 측량한다. 양심은 인간이 세속적 애착이 도를 넘었을 때 그러면 안된다고 경고한다. 진리의 길에서 벗어났을 때 양심의 가책이 떠오른다. 애착을 규율해 주는 것이 양심이다.

이 부분에 대해서 설명해 보고자 한다. 예수께서는 인류 구원의 길을 만들고자 이 세상에 오셨다. 그 분은 인류 구원의 애착을 가지셨던 분이시다. 그 분은 애착에 비례하여 모진 시험을 받으셨다. 그 시험의 종류를 보면 하나님의 아들이어든 이라는 조롱하는 말에서부터 성전 꼭대기에서 뛰어내리면 천사가 받들어준다고 하거나 천하 만국과 영광을 주겠다고 하였다. 이는 악마가 인류 구원의 애착을 미리 알고 간계를 가지고 공략한 것이다. 주는 애착을 방해하고자 사정없이 덤비는 악마에 대해 분노하셨다. 그리고 이렇게 말씀하셨다.

" 주 너의 하나님께 경배하고 다만 그를 섬기라(마4:10)."
" 그분의 분노하심은 매우 컸다. 그리고 자신의 힘으로 악마를 을 정복하셨다.

그분이 시험에서 승리하심으로 더 이상 악마는 감히 주를 넘보지 못했다. 주를 파괴할 수 없음을 알았기 때문이다. 우리는 그분이 인류에 대한 고통을 짐작할 수 조차도 없다.

다만 우리가 그 분을 의지하면 그분이 주시는 선과 진리, 양심으로 악마를 저항할 능력을 받게 된다. 우리는 그 능력으로 양심이 깨끗해져서 악을 물리치게 된다.

"선한 양심을 가지라 이는 그리스도 안에 있는 너희의 선행을 욕하는 자들로 그 비방하는 일에 부끄러움을 당하게 하려 함이라(벧전3:16)."

우리가 자신의 못된 습관을 인식하고 죄된 습관에서 벗어나고자 한다면 그 습관과 싸워야 한다. 먼저 자신의 힘으로 그 습관에서 벗어날 수 없음을 인식해야 한다. 자기 힘으로 고쳐보려고 하지만 이전으로 되돌아가는 경우가 많기 때문이다.

그래서 많은 이들이 실패를 한다. 실패를 하는 이유는 그만큼 애착이 굳어졌기 때문이다. 습관에서 벗어나고자 함은 애착에서 벗어남이다. 자신의 힘이 아닌 절대적인 계명대로 복종하면서 그 습관에서 벗어나야 한다. 마치 알코올 중독자들이 자기 힘으로 술을 끊을 수 없음을 인식하고 알코올 치료 프로그램에 들어가서 높은 힘을 의존하는 것과 같다. 치료자의 명령에 절대적으로 복종하듯이 말이다.

주의 도우심을 따라서 습관과 싸우다보면 그 악이 더 이상 우리 자신을 충동질하지 않는 시점에 도달하게 된다.

이것이 바로 싸움이 끝나는 안식의 상태이다. 그러나 우리가 세상에 살고 있는 한 우리가 인식하고 싸워야 할 악은 끝이 없다. 한 가지가 해결되면 또 다른 것이 튀어 나온다. 따라서 진리를 배우려고 꾸준히 노력할 때만이 내면의 악을 인식할 수 있고 악과 싸울 수 있음을 알아야 한다. 고로 우리는 삶 속에서 양심을 계속적으로 발달시켜야 한다. 이러한 과정 없이는 영적 진보는 없을 뿐만 아니라 진정한 쉼의 상태인 안식에 도달하지 못한다.

둘째 시험은 내적 전투이다.

시험은 외부로부터 오지만 실은 내적 전투이다. 왜냐하면 시험은 결과는 내적 변화이기 때문이다. 악마가 인간을 시험하는 이유는 양심, 선, 진리를 없애고자 하는 이유이다.

악의 세력은 내면에 이런 요소를 제거하여 악과 거짓의 바이러스를 감염시키고자 한다. 비양심을 계속적으로 주입하여 마음 속에 양심, 선과 진리를 소진하고자 시도한다.

하지만 주께서는 천사를 동원하여 악의 세력을 물리치신다. 고로 천사가 도와주지 않으면 그 영혼은 황폐하게 되어 마음 자체가 지옥이 되고 만다.

그러므로 악의 세력과 전투하려면 그것을 이길만한 힘의 균형이 있어야만 한다. 하지만 인간에게는 그럴 힘이 없다. 방법은 단 하나밖에 없다. 이미 시험을 이기신 주께 기도해서 시험을 이길 힘을 달라고 기도하는 것이다.

셋째 시험은 양심을 마비시킨다

 악마의 침투 방식은 가장 먼저 마음속에 있는 양심을 살핀다. 그리고 취약점을 찾아내서 탐욕의 불을 지른다.

 만일 우리가 정욕에 취약한 면을 보이면 악마는 가차 없이 그것을 공격하는 데 다음과 같은 순서에 의해서이다.

 먼저 양심으로 인한 진리의 빛이 비치지 못하게 만든다.

 그리고 정욕에 깊이 빠지도록 유혹한다. 그리고 헛된 망상을 꿈꾸게 하여 불안, 걱정이 많게 만든다. 갈수록 더욱 고착된 생각을 갖게끔 한다. 마지막에는 비양심으로 뒤집어 버린다.

 이런 식으로 양심을 마비시킨다. 이것이 양심을 파괴하는 악마의 술법이다. 이 방법의 종류는 너무나도 많다. 그렇게 해서 마음속에 거짓을 심어놓고 거짓을 빌미로 양심을 파괴한다.

 그렇게 하면 양심, 선과 진리가 제거 된다. 이런 과정을 거치게 되면 양심이 사라져서 자신도 모르게 탐욕적 즐거움에 빠지고 그 탐욕을 덮기 위해 변명거리를 찾는다.

 악마들은 교활한 방법으로 인간을 악인으로 만들어 나간다. 진리에 무지한 인간들은 주의 도우심이 없으면 순식간에 죄악의 구렁텅이에 빠진다.

양심과 유전악

인간에게는 태어날 때부터 부모로부터 부여받은 유전적 성품이 있다. 유전악은 탐욕과 지배욕을 말한다. 그 근원은 모두 자기애에서 온다.

지배욕은 타인을 지배하는 데서 만족을 누리는 욕망이다. 인간은 자신의 지위가 높아질수록 누군가를 지배하고자 한다.

돈과 권력을 가지고 타인을 자신이 원하는 방향으로 끌고 다니고자 한다. 이것을 자행하는 자는 본래 자신은 남을 지배하는 특권층이라고 여긴다. 하지만 이는 근본적으로 악마의 술수이다.

탐욕은 유치원이나 어린이집에서 어울리는 아이들 중에 욕심많은 아이의 모습을 보면 알 수 있다. 남의 물건을 빼앗거나 자기 소유가 되지 않았다고 우는 아이들이 있다. 또는 남의 집에 가서 물건을 가져오는 아이들도 있다. 이는 장차 어른이 되어서 자기보다 타인이 잘되는 것을 시기하거나 질투하는 것으로 이어진다.

그래서 타인이 존중해 주지 않으면 보복하고 힘과 권력으로 타인의 소유를 갈취한다.

부패한 독재자 중에 자기를 우상화하고 사치와 쾌락에 집중하면서 권력을 인정하지 않으면 누가 되었든지 간에 처단한다. 이런 행위를 당연하다고 여긴다.

탐욕은 유전악에 뿌리를 두고 있다. 유전악은 언제나 악을 생각하고 뜻한다. 어떤 이가 죄짓는 모습을 보고 함께 즐거워한다면 이는 마음속에 숨겨져 있는 유전악이 발동된 것이다.

자기애는 유전 악의 뿌리이다. 자기애에 빠진 인간들은 높은 자리에 앉는 것이 성공이라고 믿고 당연하게 타인위에 군림하기를 좋아하고 위세를 부린다. 결국 악마에게 속고 사는 것에 불과하다.

유전악의 뿌리는 아주 깊게 감추어져 있다. 유전악은 근원적으로 너무 깊어서 하늘로부터 주어진 양심을 인식하지 못하게 만든다.

하나님을 인정하지 않는 자는 이미 유전악에 덮여 있음을 알아야 한다. 그 마음은 이미 어두움에 쌓여 있다.

이들의 삶의 목적은 오직 편협된 사고방식을 가지고 자기가 높아지는 것만이 최상의 삶이라고 여긴다. 다른 길을 모른다.

고로 우리는 유전악에 머물러서는 안된다.

양심에 의지해서 선한 방향으로 진전하는 길만이 인생에서 최상의 길이요 가장 높은 삶이라는 사실을 알아야 한다.

만물의 진리는 하늘에서 각 개인의 양심에 흘러들어 양심대로 살아감으로 삶의 질서가 유지된다.

양심은 각 개인을 인도하는 선생이다. 진실로 인간이 참되게 살기를 원한다면 양심의 지시대로 살아야 한다. 이는 동정심과는 다르다.

천사의 방문

인간은 천국에서 천사들과 함께 살도록 창조 되었다. 이는 신비스러운 말이고 놀라운 일이다. 그들과 함께 살기 위해 태어났다니 말이다. 그리고 동시에 이 땅에서는 사람들과 함께 살도록 되어 있다. 즉 하늘에서 천사, 땅에서는 사람들 사이에서 살도록 창조되었다. 하지만 인간들은 그와 정반대로 살아간다.

중요한 사실은 천국과 마음속 성전은 함께 있다는 사실이다. 그래서 인간은 하늘의 것을 알게끔 되어 있다.

천사는 하늘의 뜻을 전달하기 위해 인간들에게 찾아온다.

하지만 인간은 육신적으로 살면서 양심의 문을 걸어 잠그고 천사의 방문을 가로막는다.

천사의 방문을 맞이하는 처소는 양심의 집이다. 인간은 이 땅에 살면서 천사를 맞이하면서 살다가 이 세상을 떠날 때는 그간 교제하였던 나라에 간다. 그간 교제하였던 영들의 나라에 들어간다.

천사의 방문을 맞이한 롯

"저녁 때에 그 두 천사가 소돔에 이르니 마침 롯이 소돔 성문에 앉아 있다가 그들을 보고 일어나 영접하고 땅에 엎드려 절하며(창19:1)."

소돔 성문에 있던 롯에게 두 천사가 방문하였다. 롯은 소돔 성문에 앉아 있다가 천사를 맞이하게 되었다. 소돔은 죄악이 가득한 도성이었다. 하늘에서 유황불비가 내리기 직전이었다.

이때 롯은 두 천사을 보았다. 본다는 의미는 보통 영어로는 I see 즉, 이해 한다는 뜻이다. 다시 말해서 양심을 통해서 이해했다는 의미이다.

양심으로 이해한다는 의미는 천사는 양심으로만 맞이할 수 있다는 뜻이다. 간혹 이렇게 물어볼 수가 있다.

"당신에게 신앙이 있습니까?"라고 질문한다면 이는 "당신에게 신앙 양심이 있습니까?" 라는 질문이다.

롯은 성문에 앉았다가 천사들을 보고 일어났다. 이는 천국을 맞이하기 위한 자세이다. 이는 언제라도 천사를 만나게 되면 맞이하기 위해서 준비하고 있어야함을 의미한다.

롯은 몸을 구부려 얼굴을 땅에 대었다. 겸손한 자세이다. 자신의 부족함을 인정하고 낮추었음을 의미한다. 천사를 맞이한 롯의 마음 상태이다.

오늘날 천사의 방문을 기대하는 이들이 있다. 천사는 육신의 눈에 보이지 않게 방문한다. 왜냐하면 마음속 양심에 찾아오기 때문이다.

천사들은 각 개인의 양심에 하루 수천 번 이상 왕래한다.

그들은 양심에 찾아와서 우리의 삶과 신앙에 관해서 대화한다. 그들은 양심을 통해서만 찾아오는 것은 아니다. 우리의 지성과 생각과 기억을 통해서도 끊임없이 대화를 주고받는다. 하지만 천사들은 강요하지 않는다. 부드럽게 격려하고 권고할 뿐이다.

우리들이 악에 넘어지지 않도록 붙들어준다. 천사는 양심을 통해서 우리에게 권고한다. 왜 우리들은 천사가 마음을 두드리는데 깨닫지 못하는가?

이는 눈이 멀었기 때문이다. 자신의 지식을 자랑하지만 영적으로는 눈이 멀었다.

또 영의 존재를 인정하지 않기 때문이다. 눈에 보이지 않기 때문에 없다고 여긴다. 하지만 인간은 보이지 않는 세계와 언제나 교류하면서 살아간다.

스쳐 지나가는 생각 속에서도 영과 천사는 언제나 말하고 있다. 다만 그것을 인식하지 못할 뿐이다.

천사를 맞이한 모세

"여호와의 사자가 떨기나무 가운데로부터 나오는 불꽃 안에서 그에게 나타나시니라 그가 보니 떨기나무에 불이 붙었으나 그 떨기나무가 사라지지 아니하는지라(출3:2)."

여호와의 천사가 불꽃 안에서 모세에게 나타났다. 그리고 말씀하셨다.

"모세야 모세야 하시매 그가 이르되 내가 여기 있나이다. 하나님이 이르시되 이리로 가까이 오지 말라 네가 선 곳은 거룩한 땅이니 네 발에서 신을 벗으라(출3:5,14)."

천사는 불타는 떨불속에 있는 불꽃 가운데 모세에게 나타났다. 주께서 천사를 통해서 인간에게 다가오셔서 말씀하신다. 천사에게 주의 신성으로 채우셔서 인간에게 보내신다.

천사는 자신을 내려두고 여호와의 음성으로 말한다. 주는 이러한 방법으로 말씀하신다. 그래서 가장 높은 여호와의 신성이 가장 낮은 인간의 상태에 도달한다.

천사를 맞이한 기드온

"여호와의 사자가 아비에셀 사람 요아스에게 속한 오브라에 이르러 상수리나무 아래에 앉으니라 마침 요아스의 아들 기드온이 미디안 사람에게 알리지 아니하려 하여 밀을 포도주 틀에서 타작하더니 여호와의 사자가 기드온에게 나타나 이르되 큰 용사여 여호와께서 너와 함께 계시도다(삿6:11,12)."

기드온은 그가 여호와의 천사인 줄을 알았다. 그리고 천사를 대면해서 본 것으로 자신은 죽었다고 생각했다. 그때 천사는 이렇게 말한다.

"네게 평화가 있으라. 너는 안심하라 두려워하지 말라 죽지 아니하리라(삿6:22)."

천사를 맞이한 요셉

"주의 사자가 현몽하여 이르되 다윗의 자손 요셉아 네 아내 마리아 데려오기를 무서워하지 말라 그에게 잉태된 자는 성령으로 된 것이라 아들을 낳으리니 이름을 예수라 하라 이는 그가 자기 백성을 그들의 죄에서 구원할 자이심이라(마1:20-21)."

천사는 요셉에게 나타나서 예수가 탄생할 것을 현몽했다.

하나님은 천사로 하여금 꿈에 방문하게 해서 그 뜻을 말씀하셨다. 천사들은 자신의 이야기를 하는 것이 아니고 하나님의 음성을 말한다.

또한 천사는 요셉의 꿈에 나타나서 "다윗의 자손 요셉아, 두려워하지 말고 마리아를 아내로 맞아들이어라. 그의 태 중에 있는 아기는 성령으로 말미암은 것이다."고 하였다.

헤롯이 아기 예수를 죽이고자 할 때도 천사가 요셉의 꿈에 나타나서 "헤롯이 아기를 찾아 죽이려하니 어서 일어나 아기와 어머니를 데리고 에집트로 피신하여라" 라고 일러주었다.

요셉은 천사가 일러준대로 그대로 실천하였다.

이처럼 천사는 꿈과 생시에 방문하여 하나님의 음성을 전해준다.

양심의 특징

선의 품질

"선의 품질이 있다." 이렇게 말하면 "선은 선이지 품질이 있는가?" 하고 말할 수 있다. 인간의 죄질이 다르듯이 선의 질이 다양하다.

그 선의 질은 순수가 있느냐에 따라 다르다. 주의 현존은 선의 품질에 맞게 임재 하신다. 주께서는 순수 의도를 가진 자를 크게 보신다. 순수한 의도로 선행하는 자에게 생명을 불어 넣으신다. 품질에 따라 생명이 주어지고 양심이 만들어진다.

선의 품질 상태는 다양하다. 선의 품질에는 공정과 공평이 포함된다. 공정과 공평을 보면 선의 품질을 알 수 있다.

성경에 "여호와의 말씀이니라...내가 다윗에게 한 의로운 가지를 일으킬 것이라 그가 왕이 되어 지혜롭게 다스리며 세상에서 정의와 공의를 행할 것이며(렘23:5)."

신명기에 "그러므로 너희는 마음에 할례를 행하고...고아와

과부의 재판을 (공정하게) 실시하고, 외국인에게 빵과 의복을 주어 그를 사랑하라(신10:16,18)."

고아와 과부의 재판을 공정하게 실시하는 것과 외국인에게 빵과 의복을 나눠주면서 사랑하는 행위는 공정과 공평을 의미한다. 이것이 마음의 할례이다. 마음의 할례는 죄를 잘라버리고 순수해지는 것을 의미한다. 그 정도만큼 선의 품질이 나타난다.

인애

국어 사전적으로 인애의 뜻은 어진 마음으로 남을 사랑하는 것을 말한다. 인애는 이웃을 사랑하고 선을 실천하는 삶을 말한다. 인애로운 자는 어떻게 하면 이웃에게 도움이 될까 하는 마음으로 살아간다.

인애의 범위는 좁게는 가족으로 부터 넓게는 가난한 자에 이르기까지 이웃에게 유익을 줄 것을 궁리한다.

히브리서에는 서로 돌아보아 사랑과 선행을 격려하라는 표현을 했다(히10:24).

인애를 실천하는 자는 댓가와 보상을 기대하지 않는다. 그저 선량한 마음으로 이웃을 구제하거나 심지어 원수에게도 선행을 한다. 또 도저히 사랑할 수 없는 자에게 사랑을 베푼다.

심지어 감옥에 갇혀서 자신도 배고프지만 자신이 먹을 식량을 옆의 동료에게 나누어준다. 선행하는 이들을 살펴보면 인애의 성품을 가지고 있다.

인애는 분명한 자기 인식이 있다. 과연 자신에게 선이 있는가 하는 인식으로 자기 행위를 판별한다. 선이 있어야 인애를 가질 수 있기 때문이다. 아무리 종교적 의식을 한다고 할지라도 인애함이 없다면 생명에서 떨어져 나간 죽은 믿음에 불과하다.

선행

성경에는 "오직 선행으로 하기를 원하노라 이것이 하나님을 경외한다 하는 자들에게 마땅한 것이다(딤전2:10)."

선행 속에는 양심이 있다. 선행과 양심은 밀접한 관계이다.

선행과 양심은 함께 걸어간다. 둘은 떨어질 수가 없다. 이웃에게 피해를 입히지 않는 것을 선행이라고 말하는 자들도 있는데, 이 정도는 다만 겉치레에 불과하다. 순수 의도를 가지고 이웃을 위해 직접적으로 선행하는 것이 양심적 선행이다.

사실 우리는 자신에 대해 스스로 평가할 때 선한 자인지 그렇지 않은 지를 정확하게 평가하기는 어렵다. 자신이 하는 일에 대해서 선악의 기준이 없으므로 잘 모른다. 그저 희미하게 자신은 선한 자라고 생각할 뿐이다. 더구나 진리가 없는 자는 더욱 그러하다. 오히려 악한 자일수록 자신이 선한 자라고 믿고 있다. 그러나 정확하게 선을 판별하는 기준은 선행이다.

선행하지 않는 마음은 미움, 복수심, 질투심, 간음과 같은 마음이 도사린다. 이미 양심이 무너진 상태이다.

만일 교회가 신앙과 선행을 분리시켜 말한다면 그 교회는 양심을 잃어버려서 결국 부패한다.

 그런 교회에 소속된 자들은 양심이 없어도 천국에 갈 수 있다고 믿기 때문에 양심 없는 교인이 되고 만다. 성경에 너희 원수를 위하여 기도하라고 하신 이유는 선행하라는 뜻이고 선행하지 않으면 양심이 무너지기 때문에 하신 말씀이다.

 원수에 대해서 분노하고 복수심이 끓는다면 악심이 발동하고 악행의 환경이 만들어 지기 때문이다. 양심은 악행하지 않는 것이고 상대방이 잘되기를 바라는 것이다. 선행은 양심 없이는 존재가 불가능하다.

순수함

첫째, 순수한 마음

 순수한 자의 마음은 옥토와 같다. 좋은 땅 나쁜 땅이 있듯이 마음 안에는 어느 정도는 좋은 바탕이 존재한다.

 인간은 태어날 때 선과 진리를 이해하고 사랑할 수 있는 자질을 지니게 되어 있다. 이런 자질은 순수한 마음에 신성이 들어가서 형성되고 동시에 하나님의 영에 의해 보존된다.

 이렇게 된 마음은 진리의 씨가 심겨지는 좋은 토양이 준비된 마음이다. 순수한 마음은 진리를 흡수하는 마음 밭이다. 즉, 선의 토양이다.

 선한 마음의 바탕이 없으면 진리를 받아들이지 못한다. 진리를 받아들이는 토양이 나쁘다는 것은 이미 악으로 더럽혀졌음을 의미한다.

마음에 거짓이 가득하고 강퍅하기 때문에 아무리 진리를 배운 다고 할지라도 진리가 심령 깊숙이 뿌리를 내리지 못하고 단지 기억에 저장될 뿐이다.

만일 그런 자가 저세상에 간다면 그의 지식은 모두 흩어져 버려 무익하게 될 것이다.

그러나 순수한 자는 탐욕을 부리지 않고 사기적이지도 않다. 사는 동안에 양심의 법에 따라 살아갈 뿐이다.

비록 그가 성경을 이해하지 못한다고 할지라도 선과 진리에 걸맞게 살고 있다면 주께 나아가는데 방해될 이유는 없다.

순수한 자들의 마음을 보면 양심에 방해되는 요소를 만들지 않는다. 양심을 가지고 행동한다는 것은 생명으로부터 행동함을 뜻한다. 양심에 반대되게 행동한다는 것은 생명에 반대되게 행동하고 있음을 의미한다.

양심에 일치하게 행동할 때 내적인 평화 안에 머문다. 반면에 양심에 거스르게 행동하면 불안감에 휩싸인다. 이 불안감으로 인한 고통은 양심을 갉아먹는 아픔이다.

주는 진리 자체이고 선행은 진리에서 오며 양심에서 비롯된다.

둘째, 순수한 교회이다.

초대 교회는 주의 강림 이후에 세워진 첫번째 교회이다. 그들의 신앙은 아주 단순했는데 선행하는 삶이 전부였다.

그들은 서로 사랑하고 선행하는 삶을 사는데 전력을 기울였다. 매우 단순했지만 그들은 최고의 신앙 양심을 유지하였다. 신앙과 삶이 분리될 수 없었다.

선행은 신앙의 첫째되는 요건이다. 그들은 선행과 결합하여 교회를 세워나갔다. 마음에 순수한 교회를 세우는 자는 자기를 내세우거나 타인을 정죄하거나 편견에 빠지지 않는다. 진리가 말하면 그저 묵묵하게 따를 뿐이다.

단순 소박하게 믿는 것은 악을 두려워하고 선행하는 것이다. 주께서 자신의 모든 것을 살펴보시기 때문에 함부로 말을 하거나 행동할 수가 없다.

신앙의 원리

어떤 자에게 "당신의 신앙은 무엇입니까?"고 물으면 "그것은 바위처럼 흔들리지 않는 신념입니다."라고 대답한다.

이런 자에게 신앙에 대해 좀 더 생각해 볼 기회를 주면서 물어보면 이렇게 대답한다. "인간이 죄가 많으므로 하나님을 의지해서 죄 용서받는 것입니다."라고 말한다.

혹자는 기도 혹은 예배를 통해서 행복과 물질적 풍요를 얻는 것이라고 말하기도 한다. 이들은 신앙이 무엇인지 제대로 모른다.

말씀에는 지극히 단순한 의미가 담겨져 있다. 그 진리를 받아들이는 사람은 높은 지혜를 받고 순종하는 사람은 지극히 높은 사랑을 받는다. 이것이 종교 생활이다. 이를 계속하는 사람은 마음속에 천국의 원리가 형성된다.

신앙은 인간이 지켜야할 삶의 원리이다. 최고의 원리는 하나님을 사랑하고 이웃을 사랑하는 삶이다. 이런 원리가 없이 신앙을 가졌다고 한다면 그 신앙은 자기의 명예와 영웅심을 충족하기 위한 도구로 전락하고 만다. 울리는 꽹과리 소리에 그친다.

삶의 원리를 지키려면 반드시 양심이 반드시 있어야 한다. 양심 없이는 바른 삶을 기대할 수 없기 때문이다.

바울은 이 부분에 대해서 "이 교훈의 목적은 청결한 마음과 선한 양심과 거짓이 없는 믿음에서 나오는 사랑이거늘(딤전1:5)."이라고 말하고 있다.

순수한 마음과 거짓 없는 믿음, 선한 양심은 진리가 세워지는 토양이 된다. 진리가 마음의 원리로 세워지는 것이 최상의 원리이다.

제물과 예배

"그러므로 형제 여러분, 하나님의 자비가 이토록 크시니 나는 여러분에게 권고합니다. 여러분 자신을 하나님께서 기쁘게 받아 주실 거룩한 산 제물로 바치십시오. 그것이 여러분이 드릴 온전한 예배입니다(롬12:1)."

하나님은 예배를 원하신다. 그렇다면 예배는 무엇을 말하는가? 예배는 순수 의도를 가지고 삶을 사는 것이다.

자신의 삶을 하나님께 제물로 드리는 것이다. 그것이 하나님이 원하시는 제물이다. 그래서 흠 없는 짐승을 제물로 바쳤다. 흠 없는 짐승은 순수 의도를 가진 삶을 의미한다.

주께서도 세상에 오셔서 제물되셨다. 그분의 제물됨은 삶을 통해서 인성을 완전하게 신성화하는 작업이었다. 진정한 제물은 짐승 제물 자체가 아니라 삶이라는 사실이다.

시편에도 말하기를 "주께서는 내 두 귀를 열어 주셨습니다. 주님은 제사나 예물도 기뻐하지 아니합니다. 번제나 속죄제도 원하지 않습니다(시40:6)."

한마디로 하나님은 희생 제사를 원치 않으셨다. 이런 내용의 구절은 성경에 많이 등장한다. 확실한 것은 희생 제사는 하나님의 명령이라기보다는 단지 허용하신 것이다. 유대인은 제사를 규례에 따라 열심히 드렸지만 진정한 의미를 모두 잊어 버렸다. 제물이 하늘나라의 모형을 상징함에도 전혀 알지 못했다. 그들은 단지 규례에 맞춰서 형식적 제사를 드리는 것에만 만족하였다. 주께서는 이것을 단번에 철폐하셨다.

다니엘은 이에 대해 예언하였다.

"그 통치자는 뭇 백성과 더불어, 한 이레 동안의 굳은 언약을 맺을 것이다. 그리고 한 이레의 반이 지날 때에 그 통치자는 희생 제사와 예물드리는 일을 금할 것이다(단9:27).".

히브리서에도 "그리스도께서는...단 한 번에 지성소에 들어가셨습니다. 그는 염소나 송아지의 피로써가 아니라 자기의 피로써 우리에게 영원한 구원을 이루셨습니다(히9:12)."

히브리서에서는 "우리의 양심을 깨끗하게 해서 죽을 일로부터 살아 계신 하나님을 섬기는 것"이라고 단언한다.

시편 기자는 이렇게 말한다.

"하나님께서 구하시는 제사는 상한 심령이라 하나님이여 상하고 통회하는 마음을 주께서 멸시하지 아니하시리이다(시51:17)."

히브리서에서는 "그러므로 우리는 예수의 이름으로 언제나 하나님께 찬양의 제물을 바칩시다. 하나님의 이름을 우리의 입으로 찬양합시다. 좋은 일을 하고 서로 사귀고 돕는 일을 게을리 하지 마십시오. 하나님께서는 이런 것을 제물로서 기쁘게 받아 주십니다(히13:15-16)."

"그분은 성령을 통하여 흠 없는 자신을 하나님께 바쳤다(히9:14)."

참으로 위대한 발견이다. 삶이 제물이라니 말이다. 가르침에 순종함은 그 어떤 제물보다 더 낫다.

"순종하는 것이 제사드리는 것보다 낫고 그분 말씀을 명심하는 것이 수양의 기름보다 낫다(삼상15:22)."

세 종류의 인간

양심의 잣대로 비추어 보았을 때 세 종류의 인간이 있다.

첫째, 양심이 죽은 자이다.

양심이 죽은 자는 양심과 비양심과의 싸움이 있을 때 거짓에 굴복하는 자이다. 양심의 사이렌 소리를 억눌러서 짓밟는 자이다.

이 일을 반복하면 양심의 자리에 거짓이 차지한다. 거짓된 것으로 덮어서 포장한다. 마치 이리가 양의 탈을 쓰는 것과 같다. 이들은 자신의 행위에 대해 무책임하고 믿을 수가 없다. 양심이 기능을 하지 못하므로 큰 일이든 작은 일이든 진실과 정직은 보이지 않는다. 속이기를 좋아해서 가까이 하는 이들에게 실망만 안겨준다.

오늘날 가정이나 사회에서 양심이 죽은 자가 많다. 만일 그런 자가 힘과 권력을 쥐게 되면 개인의 사사로운 이익을 위해서 타인을 짓밟고 넘어뜨린다. 상당히 위험의 소지가 있다.

양심이 죽은 자는 언제나 탐욕과 이익을 목표로 살기 때문에 타인에 대한 배려가 없다.

이들의 사리사욕과 흉악한 권모술수에 희생 되거나 이용당한 이들이 그 얼마나 많은가?

이들을 지배하는 것은 거짓이다. 거짓이 양심을 눌러서 양심이 성장하지 못하도록 만든다. 이렇게 살아가는 이유는 이미 양심이 죽어 버렸기 때문이다.

이들은 애초부터 공정과 공평에는 관심이 없다. 오로지 자신의 명예와 이득뿐이다. 다른 이유가 없다. 이들은 부모형제라도 자기에게 호의를 보이지 않으면 아무리 친구라 해도 반드시 복수를 한다. 그런데서 즐거움을 얻는다. 만일 교회 안에 이런 자가 있다면 사실상 그는 주를 부정하는 자이다. 양심이 죽었다는 사실만으로도 주를 부정하는 것이다.

둘째. 양심적인 자이다.

양심적이라는 말은 매사에 진실과 정직함으로 생각하고 행동한다는 뜻이다. 양심은 선과 진리의 내용을 가지고 그 잣대로 스스로를 판단한다. 물론 양심적인 자라도 불이익을 당할 경우에는 갈등을 겪기도 한다. 때로 자신의 행위에 대해 양심의 가책을 느끼기도 한다.

그러나 막상 양심과 비양심 사이에서 갈등하면 결국 양심을 선택한다. 양심의 소리에 예민하게 반응하고 양심에 저촉되는 일이 생기면 괴로워하고 양심을 최우선 가치로 여긴다.

또한 불의한 권력과 양심 사이에서 선택해야 하는 입장에 있을 때 비록 그 일로 인해 고통이 주어질 것을 알지만 양심의 길을 따라간다. 자신에게 불이익이 닥칠 것을 알면서도 양심을 따라가는 자는 의로운 자이다.

양심은 사이렌 소리이다. 양심은 의롭게 되라고 크게 소리를 높인다. 그 소리를 듣게 되면 자신이 무언가 잘못되었음을 알게 된다. 이렇게 양심은 잘못된 행위를 제재 한다. 이를 두고 양심의 속박이라 부른다.

우리는 자신이 과연 선 가운데 있는지 아닌지를 분간하지 못한다. 그저 어렴풋하고 희미하게 느낄 뿐이다. 그렇지만 양심은 명확하고 분명하다.

세상에는 자신이 선하지 않다고 여기는 자와 스스로 선하다고 생각하는 두 종류의 인간이 있다. 스스로 선하지 않다고 여기는 자는 선이 자기 것이 아니라고 믿는다.

선이 자기 것이 아니라 천국으로부터 공급되었음을 인식한다. 이런 자의 특징은 양심을 가지고 있다는 점이다.

셋째, 양심으로부터 완전 자유한 자이다.

이 세상에서는 거의 불가능한 일이 되겠지만 양심의 속박에서 자유를 얻는 상태를 말한다. 양심에서 자유하다는 말은 더 이상 양심과 비양심 사이의 갈등이 없다는 말이다.

완전 거짓이 무너져 버리고 선한 양심이 온 마음을 지배한 상태가 됨을 말한다. 즉, 선과 진리가 악과 거짓을 지배하는 경지에 도달한 것이다.

생명의 수준

천국은 생명의 상태에 맞게 들어가는 나라이다. 생명의 상태를 이해하고자 하면 마음의 구조를 이해해야 한다.

마음에는 겉과 속이 있다. 이를 겉사람과 속사람이라고 부른다. 최고의 질서는 속사람의 원리를 겉사람에게 공급하는 것이다. 그런데 속사람과 겉사람이 단절되면 생명이 죽는다. 그 이유는 속사람 안에 생명이 있기 때문이다. 겉사람은 속사람과 연결되었을 때 생명이 있다.

생명의 상태를 세 종류로 구분해 보았다.

첫째 상태는 건강한 생명의 상태이다.

건강한 생명의 상태는 속사람과 겉사람 사이에 합리성의 상태가 존재하는 것이다. 여기서 합리성은 선과 진리를 겉사람에게 전달하는 기능을 한다. 합리성이 결여되면 선과 진리를 받기가 어렵다. 건강한 생명은 선과 진리를 양심으로 생각하는 능력이 있다는 것이다.

둘째 상태는 미미한 생명의 상태이다.

미미한 생명의 상태는 양심의 소리가 들리기는 하지만 욕망과 헛된 생각을 제어하는 정도이다. 적극적으로 선과 진리를 실천하는 음성이 아니라 소극적으로 욕망을 제어하는 정도이다. 이 상태는 욕망을 억압하기는 하지만 악에 노출되어 있다. 왜냐하면 아직도 세속적 갈망이 마음을 지배하기 때문이다.

이 상태에서는 진리에 대한 이해력이 없다. 그래서 단지 추론만 할 뿐이다. 그럼에도 미미한 양심이 욕망을 제어하는 이유는 선과 진리를 어느정도 원하기 때문이다.

성경에는 옛사람을 벗으라고 말한다. "너희는 유혹의 욕심을 따라 썩어져 가는 구습을 따르는 옛 사람을 벗어 버리고(엡

4:22)."

옛사람을 벗어버림은 욕망을 억제하여 더 이상 어둠에 빠지지 않도록 하여 영혼을 보호하라는 뜻이다. 욕망을 억제하지 않으면 짐승같이 본능에 의해 살기 때문이다.

셋째 상태는 생명이 사라진 상태이다.

이 상태는 양심은 마비된 상태이다. 이 상태에서는 정욕과 헛된 망상에 몰입되어 본능에 의해 살아가는 상태이다. 이때는 짐승과 별로 다를 게 없다. 성경에는 이런 상태를 두고 이렇게 말한다.

"마음에서 나오는 것은 악한 생각과 살인과 간음과 음란과 도둑질과 거짓 증언과 비방이니(마15:19)."

이렇게 살 때 누군가 그들의 잘못을 지적하면 내로남불로 위기를 넘어간다. 내로남불은 내가 하면 로맨스, 남이 하면 불륜의 줄임말로 타인의 잘못에 이중 잣대를 들이대는 것이다.

이들의 전형적인 삶의 기술이다. 이들은 자기 잘못에 대해서는 오직 변명과 포장뿐이다. 양심이 소멸되었기 때문에 이런 현상이 생긴다.

양심이 있는 자와 없는 자

양심이 있는 자와 없는 자의 차이는 생각의 차이에서 드러난다. 생각을 크게 세가지로 분류해 보았다.

첫째 지각적 생각이다.

지각적 생각은 내적 감각에 의한 생각이다.

내적 감각은 온 영혼 전체로 지각하는 것을 말한다. 이런 상태는 선해야만 가능하다. 죄 많은 인간은 내적 감각에 이르기 어렵다. 보통 인간으로는 이런 지각 수준에 이르지 못한다. 그만큼 내적으로 순수해야 하고 선이 있어야 하기 때문이다.

그러나 아담이 존재하였던 태고적 사람들은 지각적 생각을 했다. 그들은 생각으로 진리와 선을 인식하였다. 고로 그들은 천사와 같았다. 하지만 오늘날 인간들은 지각적으로 이해하지 못한다. 그만큼 순수하지 못하기 때문이다.

지각적 생각은 뭐든지 순수 의도를 가지고 생각한다. 순수 의도가 있기에 지각적 생각이 떠오른다. 지각적 생각은 한마디로 속사람에게서 부여된 생각이다.

둘째 양심적 생각이다.

양심적 생각은 양심이 기준이 되는 생각이다. 양심은 양심 자체로 존재하기 보다는 진리를 가지고 있다. 고로 양심적 생각은 진리에 의한 생각이다. 진리가 있으면 비양심으로 생각한다는 것은 불가능하다.

주께서 마음에 법을 새겨 놓으시겠다고 하셨다. 양심의 법이다. 마음의 법은 외부의 법이 아니라 내적인 법이다.

마음의 법이 곧 양심에 의한 법이다. 양심은 사람으로써 반드시 있어야할 마음속에 있는 하늘의 법이다. 양심적 사고는 비록 지각적 사고보다는 낮은 차원이기는 하지만 양심적 사고는 선행하도록 이끈다.

"주께서 이르시되 그 날 후로는 그들과 맺을 언약이 이것이라 하시고 내 법을 그들의 마음에 두고 그들의 생각에 기록하리라(히10:16)."

셋째 망상적 생각이다.

망상은 현재 교육 정도와 문화 수준에 걸맞는 병적 판단이나 생각을 말한다. 망상적 생각에는 탐욕과 헛된 공상이 들어 있다. 이런 생각은 교만, 변론과 언쟁, 시기와 분쟁, 비방, 악한 생각이다(딤전6:4).

망상적 생각을 하는 이들은 스스로 자신에게 양심이 있다고 여기지만 정작 양심이 무엇인지 모른다.

망상적 생각을 하는 자는 양의 탈을 쓴 늑대라고 비유할 수 있다. 이들은 위장하는 자이다. 그리고 자신의 망상적 생각을 전염시키는 자이다. 그 방법을 보면 다음과 같다.

양의 탈을 쓴 늑대는 친절과 미소를 지으며 다가서서 어리석은 영혼을 설득하여 혼탁하게 만든다. 그리고는 정신 세계를 망가뜨린다. 자신의 마음속에 있는 음란과 정욕을 주사한다.

먼저 이들은 사람들의 입맛에 맞는 말을 발췌하여 자신의 이론을 말한다. 미숙한 자들은 그 말을 덥석 입에 문다.

이런 식으로 자신의 망상적 생각을 불어넣는다. 그 이론을 보면 모두 황당무계한 거짓이다. 오늘날 거짓 이론의 세력이 얼마나 많은가? 그 이론을 보면 마르크스주의, 성해방 운동, 페미니즘, 동성애 등 헤아리기 어렵다.

이들의 마수에 걸려든 자들은 거짓에 스스로 속는다. 이렇게 되면 결국 양심 없는 망상에 묶여 버린다. 귀신이 그들의 마음에 집을 짓는다.

반면에 양은 양심에 빗대어 선을 추구하는 합리적 생각을 한다. 양의 흰색은 순수에서 나오는 말과 행동이다. 성경에 예수를 일컬어 머리와 털의 희기가 흰 양털 같고 눈 같다고 했는데, 이는 그분의 순결한 사상을 의미한다(계1:14).

거듭남과 양심

거듭남은 새로운 인격이 형성됨을 말한다. 거듭남의 순서를 말하자면 다음과 같다. 첫째는 교리이고 두 번째는 진리를 인정하는 것이고 셋째는 진리에 대한 신앙을 갖는 것이다.

첫째 단계는 교리이다.

교리는 성경에서 진리를 끄집어 낸 것이다. 교리에는 진리가 함축되어 있다. 누구든지 처음부터 광대한 진리 전체를 알 수는 없다. 진리를 올바르게 이해할 수도 응용할 수도 없다. 그래서 교리를 통해서 진리를 배우는 것이다.

교리를 배운다는 것은 마음판에 진리의 축을 세우는 것과 같다. 마음에 새겨진 교리를 통해서 진리의 이해한다.

그러나 교리를 만들어서 논쟁의 수단으로 여기거나 유식함을 드러내기 위한 방편으로 사용한다면 그 교리는 추론에 지나지 않는다. 그런 식의 교리를 가진다면 진리를 배우기 어렵다.

둘째 진리 인정이다.

진리 인정은 진리에 대해 확신하는 상태이다. 아직 진리에 대해 제대로 알지는 못하지만 배워가면서 깨닫는 것이다.

그러나 안다는 것만으로는 부족하다. 아는 정도로 신앙이 있다고 단정해서 말하기는 어렵다. 안다는 것과 신앙이 있는 것과는 다르다.

아는 것은 기억의 산물이다. 그래서 합리성이 찬성하지 않더라도 기억만으로도 얼마든지 안다고 말할 수 있다. 기억에 있다고 해서 신앙을 가졌다고 말할 수 없다. 그 속에 선한 목적이 없기 때문이다. 그것은 진리에 대해 심사숙고하지 않은 상태이다.

우리가 믿기에 분명 진리에 대해 아는 자들 중에 지옥에 떨어진 자들도 있을 것이다. 그들이 알고 있는 진리는 기억에 담은 지식에 불과하다. 이를 두고 신앙이라고 말할 수 없다.

신앙은 그가 어떤 목적을 가지고 있느냐가 중요하다. 또 진리를 과연 실천하고자 하는 의지가 있느냐 이다.

만약 그가 진리를 인정하는 이유가 선하게 살고자 함이라면 진리를 인정하는 것이지만 그저 머릿속에 집어넣기 위한 목적이라면 진리 인정이라고 말하기는 어렵다.

셋째 진리적 신앙이다.

진리적 신앙은 신성을 향해 나아간다. 신성으로 나아감은 거듭나면서 발전해가는 삶이다. 이는 한번이 아니라 연속적 작업이다.

이런 자들이 있다. 거듭남은 신성을 향해 나아가는 것이라고 말하면 자신은 선택받은 백성이며 이미 과거, 현재, 미래의 죄까지 모두 다 사함 받았는데 굳이 왜 어려운 길을 가야만 하는가? 라고 따진다.

이같은 주장을 하는 자의 마음은 이미 교만이 깔려 있다. 만세전부터 선택된 특별한 존재라고 여기는 선민 사상이 깔려 있다. 이는 잘못된 교리에서 나온 교만이다.

이런 자들도 있다. 과거부터 자신은 열심을 가지고 교회 생활을 하였기 때문에 신앙이 있었노라고 말한다. 그러나 누군가에 의해 인정받기 위해 열심을 가졌을 수도 있다. 어린 시절의 분위기에 따라서 예배를 드렸을 수도 있다. 그것은 과거 기억에 불과하다.

또는 현재 자신이 교회 직책을 가졌기 때문에 신앙이 있다고 여기는 자들도 있다. 그 행위 자체로는 천국에 도달할 수 없다.

교회 직분에 대한 의무 생활은 누구나 할 수 있다.

또 머릿속의 기억을 가지고 남에게 가르친다고 해서 그것을 신앙 행위라고 말하지 않는다. 그것은 지식 전달에 불과하다.

고로 우리는 스스로에게 내 자신이 과연 신앙 양심을 가지고 있는가? 선을 행하고자 노력하고 있는가? 아니면 지식에 그치는가를 살펴보아야만 한다. 신앙적인지를 양심에게 물어 보아야만 한다. 신앙의 증거는 양심이다. 양심은 주께서 일하시는 현장이다.

"의로우신 하나님이 사람의 마음과 양심을 감찰하시나이다(시7:9)."

신앙에는 양심이 들어 있다. 신앙 양심은 오직 선행으로 전진한다. 다른 길로 가지 않는다. 또한 진리는 양심과 함께 선의 열매를 맺는다.

진리적 신앙을 갖기 위해서는 교리를 배우고 진리를 이해하고 인정하는 단계를 거쳐야 한다.

신앙은 진리를 배우고 알고 인정하면서 선행한다. 양심은 거짓을 제거하고 진리를 따르라고 경고한다. 진리를 가로막는 장애물을 제거하고 선행을 하라고 경고한다.

양심의 원리

양심 음성의 권위

"예수께서 이 말씀을 마치시자 군중은 그의 가르치심을 듣고 놀랐다(마7:28)."

군중들은 율법학자로부터 피상적인 강연을 들었다. 그런데 주의 말씀을 듣고는 매우 놀랐다. 여기에는 그 이유가 있다.

당시 율법학자들은 나름의 소견을 가지고 글자를 해설하는 정도에 그쳤지만 그분은 권위를 가지고 그 의미를 명확하게 가르치셨다. 주의 가르침은 존재 깊은 곳을 관통하셨다.

그 말씀을 받아들인 자들은 각자가 양심의 찔림을 받았다. 그야말로 양심 없이 살던 자가 진리를 들으면서 양심의 가책을 경험한다. 그 말씀을 신실하게 받아들인 자는 이렇게 고백한다.

"그렇게 말한 사람은 아무도 없었다."

양심의 소리 그 자체는 범죄를 예방해주지는 못하지만 선한 자들은 그 소리를 듣는 순간 자신의 죄에 대해 괴로워하고 더 이상 죄를 짓지 못한다. 양심은 죄를 짓지 않게 해 주는 안전장치이고 선행을 자극하는 원인이다.

양심의 수용 정도에 따라 여러 행위가 드러난다.

양심을 받아들이는 정도는 사람마다 다르다. 양심의 수용 정도에 따라 느끼는 바가 다르다. 수용 정도가 높을수록 선한 양심이 되지만 반대로 수용하지 않으면 그만큼 양심은 점점 소멸된다.

타인에게 피해를 주었을 때만 가책을 느끼는 사람이 있는가 하면 선행하지 않은 것에 대해 가책을 느끼는 자도 있다. 생명의 위협을 느낌에도 불구하고 가책에 못 이겨 자기 몸을 던지는 자도 있고 법적으로는 아무 문제가 되지 않지만 가책으로 인해 손해를 감수하는 자가 있다.

또 단체의 유익을 위해서 경쟁자에게 양보하는 자도 있다. 모두 양심의 수용에 따른 행위이다.

양심은 진리의 빛이다.

양심은 진리의 빛이다. 진리의 빛은 각 개인의 은밀한 생각과 의도를 드러낸다. 그 빛을 받은 자는 마음이 밝혀져서 찔림을 받고 잘못을 수정하여 새로운 존재가 되든지 아니면 포장하는 데 급급하게 된다.

진리는 양심에서 발출되어 의지력에 영향력을 미친다. 진리의 빛을 받은 자는 새로운 의지력을 갖든지 아니면 더욱 강팍하게 되든지 둘 중 하나를 선택한다.

새 의지력으로 인해 양심이 확장되면 선한 양심이 된다.

선한 양심은 말과 행동이 일치한다. 이해한 대로 말하고 행동하기 때문이다. 여기에는 위선이 없다.

선한 양심이 있는 자는 작은 탐욕이라도 허용하지 않는다.

그것이 내적으로 얼마나 위험한지를 알고 있기 때문이다. 작은 틈새 하나로 댐 전체가 허물어지는 것처럼 인간들의 마음에는 악에 기울기 쉬운 본성이 있음을 안다. 선한 양심을 가질 수록 죄에 대해 더욱 예민해진다.

양심은 진리와 선을 통해 성장한다.

주께서 하늘나라를 이렇게 비유하셨다. "어떤 사람이 여행을 떠나면서, 자기 종들을 불러서 자기의 재산을 그들에게 맡겼다. 그는 각 사람의 능력에 따라 한 사람에게는 다섯 달란트를 주고, 또 한 사람에게는 두 달란트를 주고, 또 다른 한 사람에게는 한 달란트를 주고 떠났다. 다섯 달란트를 받은 사람은 곧 가서, 그것으로 장사를 하여, 다섯 달란트를 더 벌었다. 두 달란트를 받은 사람도 그와 같이 하여, 두 달란트를 더 벌었다. 그러나 한 달란트 받은 사람은 가서, 땅을 파고, 주인의 돈을 숨겼다. 오랜 뒤에, 그 종들의 주인이 돌아와서, 그들과 셈을 하게 되었다. 다섯 달란트를 받은 사람은 다섯 달란트를 더 가지고 와서 말하기를 '주인님, 주인께서 다섯 달란트를 내게 맡기셨는데, 보십시오, 다섯 달란트를 더 벌었습니다' 하였다. 그의 주인이 그에게 말하였다. '잘했다! 착하고 신실한 종아. 네가 적은 일에 신실하였으니, 이제 내가 많은 일을 네게 맡기겠다. 와서, 주인과 함께 기쁨을 누려라.' 두 달란트를 받은 사람도 다가와서 주인님, 주인님께서 두 달란트를 내게 맡기셨는데, 보십시오, 두 달란트를 더 벌었습니다 하고 말하였다. 그의 주인이 그에게 말하였다. '잘했다, 착하고 신실한 종아! 네가 적은 일에 신실하였으니, 이제 내가 많은 일을 네게 맡기겠다. 와서, 주인과 함께 기쁨을 누려라(마25:14-23)."

이 비유에서 충성스럽게 일해서 두 배를 남긴 종에게 주인은 "착하고 충성되다"고 칭찬하였다. 이 말은 종의 양심적인 행동으로 하늘나라가 확장되었음을 말한다.

달란트는 종이 갖고 있는 선과 진리를 의미한다. 두 배를 남겼다는 의미는 선과 진리의 성장을 의미한다. 곧 하늘나라 생명의 확장을 의미한다. 이처럼 진리를 실천할 때 선행이 증가된다.

"잘하였다"라는 말은 종과 교통하겠다는 승인을 말하는데, 이는 종의 양심과 함께 하겠다는 뜻이다.

즉, 양심적으로 사는 자와 함께 하신다는 의미이다. 아주 작은 행위라도 양심에 의해 행동 했다면 저 세상에서 큰 것으로 축복하시겠다는 약속이다.

그리고는 "자, 와서 네 주인과 함께 기쁨을 나누어라."고 하였다. 주인과 함께 기쁨을 나눈다는 것은 생명의 기쁨을 의미한다. 먼 여행을 다녀온 주인은 큰 잔치를 벌이고 재산을 잘 관리한 종들을 초대해서 기쁨을 즐기고 있다.

양심은 생명을 살린다.

제사 때에 드리는 예물인 흠 없는 어린양과 고운 밀가루, 기름 등은 순수한 마음과 사랑을 의미한다. 예물은 죄를 인식하여 깨끗해진 영혼의 증거를 의미한다.

예물을 바침으로 주의 생명과 인간의 생명이 결합한다. 이는 죽은 상태의 인간을 살리는 것과 같다.

오늘날 인간들의 생명을 살리는 것은 양심이다. 양심에는 인간을 깨끗하게 만드는 효력이 있어서 생명을 얻도록 한다. 양심은 하늘나라 생명이다.

인간이 양심에 맞게 행동할 때 죄책감에서 해방되어 자유가 주어지고 마음에 평안이 온다. 이는 누구든지 경험해 보았을 것이다. 하지만 양심에 반대되게 살면 가책으로 인해 불안이 따른다. 양심에 반대되는 행동은 선행에 반대되고 생명에 반대된다. 양심에 생명이 있기 때문이다.

속사람의 양심과 겉사람의 양심이 있다.

속사람의 양심과 겉사람의 양심이 있다. 속사람은 겉사람보다 더 내적이다. 속사람의 양심은 선의 양심이고 겉사람의 양심은 진리의 양심이다.

선의 양심을 가진 자는 진리의 양심을 가질 수 있지만 진리의 양심을 가진 자는 선의 양심을 받을 수 있는 능력만 있을 뿐이다. 보통 대인관계를 하거나 사회 생활을 유지하는 것은 겉사람이다. 인간은 겉사람을 통해서 진리를 깨닫고 양심을 갖는다. 속사람의 양심을 받기 위해서는 선해져야 한다. 선행을 하면서 선의 양심을 받는다.

황금률은 양심의 법칙이다.

"너희는 남에게서 바라는 대로 남에게 해주어라. 이것이 율법과 예언서의 정신이다(마7:12)."

우리는 이 구절을 황금률이라 부른다. 이 구절 속에는 양심을 지켜야 하는 이유가 들어 있다. 그것은 자신의 생각과 판단으로 타인에게 요구만 해서는 안되고 양심에 의해 판단하고 행동해야 한다는 것이다.

이 구절 속에는 자신이 원하는 것이 있다면 먼저 자신에게 요구하라는 양심에 대한 의무감이 들어 있다.

주께서 황금률을 말씀하심은 양심의 법칙에 의해 살게끔 하시려는 의도이다.

오늘날 누구든지 대접 받았으면 당연히 보답해야 한다는 정도는 알고 있다. 결혼 부조나 장례 부조 같은 것은 하나의 관습으로 자리를 잡았다.

그에 비해 황금률은 타인과 공평할 것을 명령한다. 타인에게 적용하려면 공평하게 먼저 자신에게 적용하라는 의미가 들어 있다. 공평의 적용은 겉사람의 양심에 해당된다.

이 법칙을 실천하기 위해서는 먼저 상대방의 처지를 생각해야 한다. 즉, 상대방의 입장과 처지를 자신의 입장에서 바꾸어 생각해 보고 상대방이 원하는 것, 상대방에게 갚아야 할 것을 계산하는 형식이다.

타인의 입장에 서보면 내 자신의 요구가 무리한 요구는 아닌지 자신의 기대가 과연 올바른 것인지를 알게 된다. 그래서 타인의 위치와 자신을 동등하게 놓는다. 그렇게 하여 타인과 공평함을 유지한다.

황금률이 요구하는 바는 상대방의 위치와 조건 하에서 보는 눈이다. 그 역할을 마음속 양심이 한다.

이 법칙은 사회에서 공정과 공평이 이루어지도록 만든다.

속사람의 양심의 법칙은 이보다 더 내적이다. 그것은 자발적으로 선을 행하는 데 있다. 이런 법칙이 흐른다면 세상은 달라지지 않겠는가?

비양심의 상태

비양심은 양심을 억압한 상태이다. 비양심에는 가책이 없다.

비양심은 욕심으로 인해 생긴 영혼의 질병이다.

비양심의 예를 들어보면, 사기를 치거나 뻔뻔하게 거짓말을 하거나 은밀하게 죄를 범하거나 판결을 굽게 하거나 비정의를 정의로 바꾸거나 남의 것을 갈취하거나 타인을 비하하고 자신을 과대포장하거나 악을 선으로 둔갑시키는 일 등이다. 그 사례를 들려면 한없이 들 수 있다.

이런 일을 하면서도 감정의 동요가 없는 상태가 비양심이다. 성경에 비양심자의 성품은 노아 홍수 당시에 까마귀와 같은 상태를 의미한다.

"노아가 창문을 열고 까마귀를 내놓으매 까마귀가 물이 땅에서 마르기까지 날아 왕래하였더라(창8:6-7)."

노아가 날려 보낸 까마귀는 이리저리 왕래하는 일을 반복했다. 까마귀가 정신없이 이리저리 날아다니는 모습은 마음의 혼란상태이다. 이는 비양심자의 마음 상태이다.

거짓으로 인해 혼란스러운 상태이다. 어디까지가 진실이며 어디까지가 거짓인지 알 수 없을 정도로 혼란스러운 지경이다. 비양심의 마음 상태이다.

비양심자의 저 세상

만약 비양심자가 저세상에서 심판을 받는다면 양심을 물어볼 수가 없다. 양심 없이 살아왔기 때문이다. 세상에서 비양심자가 저세상에 간다고 갑작스럽게 달라질 것은 없다.

오히려 비양심의 상태가 극대화되어 적나라하게 드러날 것이다. 그렇다고 하나님께서 심어놓으신 양심 자체가 없어지는 것은 아니다. 양심은 마음 깊숙하게 그루터기로 파 묻혀 있다.

그러나 세상에서는 비양심으로 살았다고 할지라도 저세상에서 깊이 파묻힌 그 양심이 고개를 드는 날이 도래한다.

그 나라는 숨겨질 것이 없고 드러나지 않을 것이 없는 나라이다. 그곳에서 영혼의 본질이 적나라하게 드러날 때 파묻힌 양심도 고개를 들 것이다. 그리고 양심이 비양심자를 정죄할 것이다. 세상에서는 양심을 억압하여 드러날 수 없었지만 저 세상에서는 억눌렸던 양심이 밝히 그 모습을 드러낸다.

양심이 외치기를 "너는 세상에서 양심을 억눌렀던 거짓된 존재야!" 하고 외친다. 양심의 소리는 진리의 소리이다.

당사자는 이 소리를 분명히 듣고 알게 된다. 그리고 결국 양심 없는 세계 즉, 지옥에 던져진다.

언젠가 마음속에 있는 그루터기 양심은 일어나서 거짓된 삶을 지적하는 날이 오게된다. 진리가 심판한다는 뜻이다.

당사자가 그것을 알게 될 때는 이미 늦는다. 결국 비양심자는 천국에서 살 수 있는 환경이 주어지지 않는다.

양심 배경

홍수 이전의 마음 상태

노아 홍수는 마음의 시스템을 바꾸어 놓았다. 마음의 시스템에 따라서 홍수 이전의 인간과 홍수 이후의 인간으로 구분할 수 있다. 홍수 이전 사람들의 삶을 이끌어가는 것은 의지였다.

그들은 이해보다 의지가 앞장섰다. 이해는 뒤따라가는 방식이었다.

당시 인간들은 의지적이었기 때문에 사랑이 중요한 자리를 차지했다. 사랑은 의지에서 나오기 때문이다. 그러나 인간의 의지가 거짓에 함몰되고 말았다. 거짓에 덮여버려서 의지가 저지른 죄악을 변화시킬 수 없었다.

의지가 죄악에 깊이 빠져 버린 인간은 더 이상 구원받을 수 없는 상태가 되었다. 본래 아담은 의지적으로 선한 삶을 살았지만 죄를 짓고 난 이후에는 의지가 부패하였다.

홍수 이후의 마음 상태

의지가 거짓에 함몰되면서 인간은 변화되지 않으면 안 되었다. 성경은 의지가 거짓에 덮여버린 상태를 홍수로 비유했다.

"그 날에 큰 깊음의 샘들이 터지며 하늘의 창문들이 열려 사십 주야를 비가 땅에 쏟아졌더라(창7:11)."

깊음의 샘이 터졌다는 말은 지옥의 거짓이 인간들의 마음에 퍼졌음을 의미한다. 고대인들은 깊음은 지옥을 의미한다고 보았다. 그러자 하나님께서 인간을 회복시키시기 위해 새로운 언약을 하신다.

"내가 다시는 사람으로 말미암아 땅을 저주하지 아니하겠다(창8:21)."

이 말씀은 더 이상 거짓에 영원히 파묻히지 않게 하시겠다는 약속이다. 땅을 저주하지 않겠다는 뜻은 인간 스스로 자멸하지 못하도록 하시겠다는 뜻이다. 이 말씀은 마음 상태의 변화를 예고하신 말씀이다. 홍수 이후의 인간들의 마음이 달라질 것을 예고하신 말씀이다.

마음의 변화는 양심이 들어오면서 이다. 하나님은 인간의 마음에 양심을 심으셔서 새로운 마음이 형성되도록 하셨다. 양심이 있으면 의지가 독단적으로 움직이지 못한다. 양심의 필터를 통해 사리분별한 후에 행동하게 되었다. 마음에 양심이 들어와 판단 기능이 새로워지게 된다.

이제 인간은 양심이 잣대가 되어 그 기준에 의해 이해하고 판단하게 되었다. 이런 마음의 변화는 홍수 이후부터 시작해서 오늘날에 이르기까지 계속된다.

인간은 양심을 통해 새롭게 변화될 수 있는 기회의 문이 열렸다. 또 하늘 문이 양심을 통해 열려졌다. 잘못을 저지를 때 깨우칠 수 있는 통로가 마련되었다. 이는 인간의 마음이 거짓에 덮이지 않게 하시는 주의 섭리이다.

지각과 양심의 차이

지각은 내적 감각을 말한다. 지각에는 하나의 원리에서 다양한 것을 파악하는 힘이 있다. 아주 작은 것까지 세밀하게 관찰하고 이해하는 능력이다. 최상의 지혜이다.

지각을 알려면 천사를 보면 알 수 있다. 천사는 지각적 존재로 지각을 가지고 사물을 구별한다.

오늘날 인간은 지각에 대해 무지하기 때문에 사물을 제대로 분별하지 못하고 방황한다. 마치 화살이 과녁을 빗나가듯이 곁 길로 빠지는 경우가 많다.

예컨대, 결혼에 대해서 알 수 있다. 결혼은 한 남자와 한 여자의 결합이다. 만일 지각 있는 자가 여러 여자와 결혼을 생각하면 내적인 혐오감을 느낀다. 이는 내적 감각으로 혐오감이 느껴져서 온 영혼이 소름돋는 경험을 한다.

만일 같은 경우에 양심 있는 자가 여러 여자와 결혼을 생각하면 어떤가?

양심자에게는 가책이 찾아온다. 그러면 비양심자는 어떤가? 이들은 아마도 속으로 좋아서 웃을 것이다.

어떤 일이 잘못되었음을 알게 될 때 지각은 온몸 전체에 느껴지는 반면에 양심은 이해력에 사이렌 소리가 들린다. 지각은 의지적으로 혐오스러움을 느끼지만 양심은 이해적으로 가책이 온다.

홍수 이전 사람들은 지각이 있었다. 그것은 에덴 동산에 살았던 아담이 짐승들의 이름을 지어 불렀다는 의미에서 명확하다. 아담은 지각에 의해 짐승이 무엇을 의미하는 지를 이해했다.

반면에 오늘날 인간들은 어떤가? 지각 대신 양심을 가지고 있기는 하지만 그것도 제한된 사람들 만이다. 또 때로 양심 있다고 말하는 자들 조차도 양심 없이 행동할 경우가 있다.

진리에 의한 신앙으로 양심을 회복하기도 한다. 그러나 신앙조차 가지지 못한 이들은 양심이 죽어 있거나 있어야할 필요를 느끼지 못하고 살아간다. 오히려 양심은 사회 생활 하는데 불편한 것으로 여긴다. 오늘날 양심의 현주소이다.

성경에는 "빛이 세상에 왔으되 어두움이 깨닫지 못했다(요 1:5)."고 말한다. 이 말은 진리가 세상에 주어졌지만 양심 있는 자가 없었다는 뜻이다. 빛을 반사하는 반사경이 바로 양심이다.

인간의 영혼에 참 빛이 왔는데 그 빛을 반사하는 반사경이 없었다. 진리의 빛을 반사할 수 있는 양심이 없다.

빛이 공급될 때 불완전하게 반사되면 양심이 없다는 증거이다.

유대인들의 왜곡된 마음과 이방인의 무지로 인해 양심이 없었다. 세상이 그러했다.

오늘날 인간들은 어떤가?

홍수 이전 인간들의 의사 표현은 주께서 말씀하신 대로 "예, 예, 아니오, 아니오(마 5:37)." 식으로 했다. 주께서는 이에 지나는 것은 무엇이든 악으로부터 나온다고 말씀하셨다.

고대인들은 머릿속에서 계산해서 말하지 않고 아주 단순하고 심플하게 말했다. 한마디로 복잡하지 않았다는 말이다.

그에 비해 오늘날 인간들은 어떤가?

오늘날의 현대인을 대표하는 것은 TV나 인터넷, 유튜브, 카카오톡, 뉴스 등이다. 현대인들은 이를 통해 외부 정보를 받아들이고 사실을 판단한다.

똑같은 사실에 대해서도 이 사람과 저 사람의 말이 다르다. 자신의 편견과 억측에 의해 해석을 한다.

같은 성경을 두고 해석하는 이들은 각각 다른 논리를 말한다. 마치 십자가에 달리신 주의 겉옷을 로마 군병들이 찢어서 노름을 했듯이 말이다.

오늘날 뉴스는 귀가 따가울 정도로 온갖 사설이 난무하다. 그 사설은 선행에 의한 것이 아니고 기억과 추론에서 흘러나온 것들이다. 그래서 가짜 뉴스라는 말이 유행한다.

오늘날 인간들은 눈으로 보고 손으로 만져서 경험을 하고는 판단하는 정도이다.

분별력 센서 장치가 전체를 보지 못하고 이미 가진 기억에 의해 판별하는 정도이다. 고로 하나를 알면 하나도 제대로 이해하지 못하는 형국이다.

그런 면에서 현대인들은 기억에 의한 지식 외에는 모른다.

반면에 거듭난 자들은 양심의 소리를 듣고 판별하는 능력을 갖는다.

이는 마음속에 거짓의 먹구름이 짙게 깔린 상태에서 무지개가 뜨는 것과 같다.

거듭난다는 말은 양심을 회복한다는 말이다. 거듭난 자는 양심으로 진리의 음성을 들음으로 진리의 길로 걸어갈 수 있는 마음 상태가 된다. 이 차이는 비양심자들을 보면 더욱 분명하다. 비양심자는 양심이 없음으로 진리의 길이 보이지 않으므로 거짓된 길에서 방황한다. 두 차이는 천국과 지옥 만큼 확연하게 다르다.

양심의 종류

양심은 어려서 도덕심이 형성되면서 시작된다.

아이들은 친구들과 싸우지 말라! 사이좋게 지내라! 욕하면 안 된다! 길을 건널 때는 손을 들고 걸어가라! 선생님께 인사해라! 등의 규칙을 배운다.

아이들은 규칙을 인식하면서 이것을 지켜야 할지 아니면 어겨야 할 지를 결정해야 한다. 여기서 도덕심이 생긴다.

규칙을 지키지 못했을 때 벌을 받을 것에 대해 두려움을 갖는다. 그런 인식 기능을 양심이 한다.

인간은 기억에 의존해서 삶을 산다. 하지만 양심 없이 기억에만 의존해서 행동을 한다면 생각없는 인간이 되고 말 것이다.

기억에만 의존하는 것은 컴퓨터와 같은 상태이다. 고로 기억이 참 지식이 되어야 한다. 참 지식이 되려면 양심을 거쳐서 자신에게 적용되어야만 한다. 양심의 필터를 거치면 지식이 참인지 아니면 거짓인지를 구별할 수 있다.

양심을 거치지 않으면 그 지식은 기억에 불과하다.

양심은 기억속에 들어있는 잘못을 발견하도록 해주는 인식 기능이다. 그런 인식 기능은 종교 생활을 하면서 신앙 양심이 된다. 신앙 양심이 없다면 그 종교는 거짓이 된다.

참된 양심, 가짜 양심, 거짓 양심

양심에는 참된 양심, 가짜 양심, 거짓 양심이 있다.

참된 양심은 공정과 공평함을 통과해서 선과 진리를 실천함으로 만들어진 양심이다. 초기에는 공정과 공평에서 시작되었지만 내적으로 깊어지면서 선과 진리로 진행한다.

고로 인간이 참된 양심을 가지려면 진리로 거듭나야만 한다. 참된 양심은 진리로 형성되는 양심이기 때문이다. 진리가 없으면 참된 양심이 될 수 없다. 교회에서 예배를 드리고 설교를 듣지만 참된 양심이 없는 자들이 많다. 그 이유는 진리가 없이 종교 형식에 그치기 때문이다. 그들은 자신도 모르게 위선자가 되고만다. 주께서 가장 혐오하는 자들이 위선자이다.

가짜 양심은 진리가 아닌 거짓 이론, 사이비 종교를 가진 자들에게서 발견된다. 이들도 신념에 위배될 때 양심의 가책이 있지만 그것은 가짜 양심에 불과하다. 왜냐하면 진리가 아니고 하나의 신념이기 때문이다. 가짜 양심은 주로 독재 국가 체제에서 세뇌 교육을 받고 자란 이들이나 사이비 종교적 환경 또는 강압적 분위기에서 자란 이들에게 많이 발견된다.

종교에 들어있는 계율에 반대되는 행동을 했을 때 마음에 거리끼는 양심이다. 가짜 양심은 진리가 아님에도 불구하고 신념이나 규칙에 위배되었을 때 갖게 되는 양심이다.

가짜 양심은 참된 양심과는 다르지만 참된 양심을 받을 수 있는 상태에 어느 정도 근접했다고 말할 수 있다.

가짜 양심을 가졌지만 자신의 신념이 잘못되었음을 알고 진리를 깨닫게 되면 가짜 양심에서 참된 양심으로 바뀔 수 있다.

마지막으로 거짓 양심이 있다. 거짓 양심은 상황에 따라 좌우되는 양심이다.

명예와 이익에 따라 양심을 가졌다가 자기에게 불리하게 되면 곧 양심을 무시한다.

거짓 양심은 마치 고무줄처럼 환경에 따라 좌우된다. 환경에 따라 형성된 양심이다. 양심이라고 말하기도 어려운 양심이다.

이런 자들은 순수함이나 진리 같은 요소하고는 거리가 먼 자들이다.

2
양심과 인간

순진무구와 양심

순진무구는 양심이 형성되는 바탕이다. 순진무구가 있으면 양심이 형성되는 기초를 갖춘 셈이다.

순진무구는 선하고 순수한 상태를 의미한다. 순진무구한 자는 자신이 부족하고 연약한 존재임을 시인한다. 자신에게 티끌 같은 죄라도 허용하지 않는다. 순수한 자는 자신을 죄인이라고 고백하는데, 자신을 죄인이라고 고백하는 것은 정결하게 되기 원하는 자만 가능하다. 순진무구한 자는 자신은 보잘 것 없는 존재임을 겸손하게 시인한다.

성경에 보면, 주께서 제자 베드로에게 요한의 아들 시몬아, 네가 나를 사랑하느냐? 고 세 번씩이나 물으셨다.

예수께서 세 번째로 물으시자 베드로는 세 번이나 예수께서 나를 사랑하느냐? 하고 물으시는 바람에 마음이 슬퍼졌다.

베드로는 "주님, 주님께서는 모든 일을 다 알고 계십니다. 그러니 제가 주님을 사랑한다는 것을 모르실 리가 없습니다" 말하였다. 그러자 예수께서 "내 어린 양들을 잘 돌보아라" 하고 분부하셨다. 내적 의미로 어린 양은 모든 사람 마음에 있는 순진무구이다. 주께서 베드로에게 분부하신 어린양 돌봄은 각 개인의 마음속에 있는 순진무구를 상징한다. 주는 이를 먹여 키우고 보존할 것을 요구하신다.

순진무구는 갓난아이들의 모습에서 발견된다.

갓난아이들의 모습을 살펴보라. 얼굴과 눈이 얼마나 깨끗한가? 갓난아이들의 모습을 보노라면 시간이 가는 줄도 모를 정도이다. 너무나 순수하고 아름답다.

갓난아이의 얼굴 모습에 나타난 순진무구 상태가 천국의 상태이고 선이 가득한 상태임을 보여준다.

주께서는 갓난아이에게 순진무구의 선을 주입하셨다. 순진무구는 인간이 태어날 때 첫 번째로 심겨진 마음의 품질이다.

그 품질은 또한 마지막에 형성되는 품질이기도 하다. 그 이유는 누구나 죽음을 앞두게 되면 순수로 돌아서기 때문이다.

죽음 앞에서 순진무구하지 않는 자가 있는가?

어려서는 무지에 의해 순진무구했으나 늙어서는 지혜에 의해 순진무구한 존재가 된다.

이렇게 본다면 순진무구는 두번 출생된다고 보아야 할 것이다.

그리고 이스라엘 민족이 성전에서 매일 드리는 어린 양 제물은 순진무구를 의미한다.

어린 양 제물은 매일의 삶속에서 필요한 것은 순진무구를 의미한 것이다. 고로 우리가 매일의 삶속에서 가장 필요한 것이 순진무구라는 사실을 알고 실천하고자 애쓴다면 그는 하나님께 더 가까이 나아갈 수 있게 된다.

나는 양심에 대해 잘 말해주는 소설이 빅토르 위고의 작품 『레미제라블』이라고 생각한다. 이 작품은 빅토르 위고가 17년에 걸쳐 완성해 낸 작품이다.

이 작품의 배경은 이렇다. 장발장이 굶어가는 조카를 위해 빵한 덩어리를 훔치다 붙잡혀 19년 감옥살이 끝에 석방된다.

그는 감옥에서 나왔지만 사회적 냉대로 미움과 증오심을 안고 살아간다. 그는 우연한 기회에 마리엘 주교를 만나게 되었고 죄인을 감싸주는 그의 선행에 깊은 감명을 받는다. 그리고 그는 거듭나게 되었고 새 삶을 찾게 되었다.

장발장은 미움과 증오심에서 양심을 회복하였다. 그는 타인을 위한 삶을 살게 된다. 장발장은 창녀의 딸 코제트를 아름다운 여인으로 성장하도록 돌보아 준다.

양심은 장발장을 선한 삶으로 살아가도록 인도했다. 미움이 가득했던 장발장을 선한 삶을 살아도록 만든 것은 그의 양심이 회복되었기 때문에 가능하다. 양심의 위력이 어떤 지를 우리에게 보여주는 생생한 작품이다.

거듭남과 양심

거듭난 자와 거듭나지 않은 자의 차이는 살아있는 인간과 죽은 인간의 차이라고 말할 수 있다. 그 차이는 여름과 겨울, 빛과 어둠, 하늘과 땅 만큼이나 다르다.

이렇게 말하는 이유는 양심 때문이다. 양심이 있는 자와 없는 자는 그만큼 다르다는 의미이다.

거듭난 자와 거듭나지 않은 자

거듭난 자와 거듭나지 않은 자는 삶의 목적에서 차이가 난다. 거듭난 자는 양심을 가지고 선하게 살고 진리를 실천하는 데 있다. 그러나 거듭나지 않은 자는 감각적 즐거움을 찾으며 세속의 영광을 추구하며 손익을 계산하여 산다. 이것이 거듭난 자와 거듭나지 않은 자의 다른 점이다.

거듭난 자는 선행 자체로 기뻐하고 양심에 어긋나면 그 일로 큰 근심을 한다. 거듭난 증거는 진리에 의한 선행이기 때문이다. 그러나 거듭나지 않은 자는 오로지 자아 만족에 의해 움직일 뿐이다. 자기만을 높이고 자만에 의해 살아간다. 자아만족에 반대되면 오히려 그것으로 인해 불안해하고 낙심한다. 이들에게 양심의 가책이 있다면 그것은 위장된 가짜 양심에 불과하다.

새로운 의지력과 이해력

주께서는 "누구든지 새로 나지 아니하면 아무도 하나님의 나라를 볼 수 없다 고 말씀하셨다(요3:3)."

거듭남의 이 구절은 복음서의 제일 가는 진리 중의 하나이다. 인간이 거듭나야 하는 이유는 천국에 가기 위함이다. 주께서 가르치시는 두번째 출생은 육체가 태어난 만큼 실재적이다. 이 출생은 육체가 생명을 유지하기 위해서 심장과 폐의 원활한 활동이 있어야 하듯이 마음속에 의지와 이해가 연합를 이루어야 한다.

거듭남으로 새로운 의지와 새로운 이해가 되기 때문이다.

성경에는 "위로부터 새로 태어나지 아니하면.." 이라고 표현하고 있다. 그러니까 거듭남은 위로부터 변화가 이루어져 새로운 심정과 새로운 영이 된다.

시편에 "하나님이시여 제 안에 깨끗한 심정을 창조하시고 제 속에 올바른 영을 새로 지어 주소서(시51:10)."

깨끗한 심정과 올바른 영이 되는 것은 위로부터 새 의지와 새 이해를 받는다는 말이다. 이는 거듭난 자에게 주시는 선물이다.

또 선한 양심으로 이전과 다른 존재가 된다.

거듭난 자는 양심과 함께 이해와 의지가 변화된다. 새 의지와 새 이해가 변화되었는지를 알려면 어떤 상태인지를 파악하면 된다.

거듭난 자에게는 생명이 있다.

거듭나기 전의 인간은 생명 없는 상태이다. 이때의 마음 상태는 지옥적이고 악마적이다. 양심이 차지할 자리가 없다. 이 상태는 오직 돈과 재물, 세상 욕심만 가득하다. 악에 지배당한 상태이다.

그러나 사람이 거듭나면 악과 거짓은 밀려나고 선과 진리가 들어오므로 생명이 그 자리를 차지한다. 거듭남은 자아적 생명이 새 생명으로 변화되고 천한 생명을 포기하고 영광된 생명을 얻는다. 마음은 선한 양심으로 하나님의 나라가 된다.

양심 기능

양심이 하는 일 중에 가장 위대한 기능은 내, 외적으로 자신을 돌아보는 점검 기능이다. 성경에 "아름다운 열매를 맺지 아니하는 나무마다 찍혀 불에 던져지느니라. 그러므로 너희는 그 행위를 보아 그들이 어떤 사람인지 알게 된다(마7:19,20)."

이는 주께서 하신 말씀인데 세례 요한도 같은 말을 선포한 적이 있다. 이런 구절을 접할 때 어떤 자세로 들어야 하는가?

그것은 "과연 나의 열매는 어떤가?" 하면서 스스로를 돌아보는 자세가 필요하다. 우리가 지금까지 살아온 동안에 과연 어떤 열매를 맺었는지를 살펴보아야 한다. 자신의 열매를 살펴보는 기능은 양심이 한다. 만약 아름다운 열매를 맺지 못했다면 양심의 가책이 올 것이다.

양심은 자신의 삶이 과연 천국에서 받아들여질 수 있는가를 점검한다. 나는 천국에서 열매 맺지 못하는 나무가 아닌가?

열매는 삶의 원리이다.

우리가 열매를 안다는 것은 열매의 품질을 안다는 말이다. 열매를 알면 그 나무가 어떤 상태인지 알 수 있다. 결과를 점검하는 것은 우리의 의무이다. 행위의 열매를 보면서 그 행위를 생산하는 원리를 판단할 수 있다.

혹시 악하고 거짓된 원리를 가지고 살지 않았는가? 과연 이 상태로 그 나라에 들어갈 수 있는가?

진리는 세상 사는 동안 악과 거짓의 원리를 가지고 살면 반드시 불에 던질 수밖에 없다고 말한다. 양심은 이를 깨닫도록 한다.

인간은 양심으로부터 자신이 잘못된 원리를 가지고 살았음을 알게 되었을 때 변명을 하고는 슬쩍 넘어가고자 한다.

그리고 자신이 악인이었다는 사실을 인식하기 싫어한다. 그러나 양심은 그 나라에 가기 위해서 선이 필요함을 일깨워 준다.

자신의 말과 행위를 면밀히 검토하는 것은 양심 기능이다.

사람이 거듭나지 못하는 이유는 겉사람이 삶을 지배하기 때문이다. 이 때는 속사람의 양심이 존재하지 않는 듯 보인다.

양심이 기능하지 못함은 속사람이 기능하지 못하고 있음을 의미한다. 거듭나지 않은 인간은 이런 사실에 대해 무지하다. 자신의 마음을 객관적으로 인식하지 않기 때문이다.

새로운 원리 회복

"예수께서 이렇게 대답하셨다. 네 마음을 다하고 목숨을 다하고 뜻을 다하여 주이신 너희 하나님을 사랑하라. 이것이 가장 크고 첫째가는 계명이고 네 이웃을 네 몸 같이 사랑하라는 둘째 계명도 이에 못지않게 중요하다. 이 두 계명이 모든 율법과 예언서의 골자이다(마22:37-40)."

이 구절은 섬김과 관심의 방향을 제시한다. 하나님 사랑과 이웃 사랑은 종교의 본질이고 생명의 원리이다. 이는 심장이 피를 공급하고 폐로 숨을 쉬듯이 하나님사랑과 이웃사랑의 원리에 의해 영혼이 생명을 얻는다. 모든 교훈은 이 계명으로 귀환한다. 이 계명은 너무나 큰 원리이기 때문이다. 고로 다른 원리는 이 원리에 복종해야만 한다. 이 원리 안에 모든 율법과 예언서가 들어있다.

그분의 목적은 하나님 사랑과 인간 사랑으로 세상을 아름답게 하시는 것이다.

하나님 사랑은 개인적인 애정이 아니라 그분의 속성을 사랑함이다. 즉, 선을 행하는 것이 그분에 대한 사랑이고 진리를 따름도 그분에 대한 사랑이다.

"내 계명을 지키는 사람은 나를 사랑하는 사람이다."

하나님을 사랑하는 방법은 선을 행하는 것이다. 이것이 첫째가는 위대한 계명이다.

이웃 사랑은 타인이 자신에게 해주기를 바라는 만큼 자신이 타인에게 행할 때 이웃 사랑이다. 우리는 하나님 사랑에 못지않게 이웃을 사랑해야 한다.

하나님은 선 자체이시기 때문에 사랑하고 이웃을 선의 형상이기 때문에 사랑한다. 인간은 자기 안에 선을 가지고 있는 만큼 이웃이 된다. 선은 양심안에 담겨 있다.

결론적으로 신앙의 원리는 하나님 사랑과 이웃 사랑이다. 믿음이 있노라고 말하면서 이 원리대로 살지 않는다면 그 신앙은 헛 것이다.

거듭나지 못한 사람은 양심이 없다.

거듭나지 못한 인간은 양심이 없을 뿐 아니라 양심이 무엇인지 모른다. 이들은 오직 행복과 만족이 제일이라고 믿고 있다.

양심이 어두워진 자들의 수준은 선악을 알게 하는 열매를 먹었던 아담과 이브와 같다. 그들은 선악과를 보면서 "먹음직도 하고 보암직도 하고 지혜롭게 할 만큼 탐스럽기도 하였다(창 3:6)."고 말했다.

먹음직하다는 뜻은 탐욕, 보암직하다는 뜻은 망상, 지혜를 줄 만큼 탐스럽다는 말은 쾌락과 만족을 의미한다.

탐욕, 망상, 만족을 추구하는 자는 오직 자기 밖에 보이지 않는 삶을 살아가는 자이다. 선을 위한 목적은 없다.

이들이 세상에서 살아가는 이유는 오직 자신 만이 잘되는 것이다. 심지어 가족 조차도 자기만족을 위한 하수인이다. 오히려 가족을 희생양으로 만들어서 자기를 높이고자 한다.

이들은 돈과 권력을 잡으면 모든 것이 잘되고 행복해질 거라고 착각한다. 이를 최고의 삶이라고 믿고 만족에 도달하지 못하게 되면 그 원인은 돈이 없어서 이런 불행을 겪는다고 여긴다.

양심이 없기 때문에 타인과 나누고자 하는 자세는 안중에 없다. 타인에게 피해를 끼친다고 해도 전혀 가책이 없다.

혹시라도 그가 양심 비슷한 행동을 했다면 그것은 자아 만족을 위한 위장된 행동에 불과하다. 근본 의도는 자아 만족이다.

무지개 언약

거듭남을 이해하려고 하면 구름속의 무지개를 이해해야 한다.

하나님께서는 홍수 이후에 무지개를 주셨다. 그리고 이렇게 말씀하셨다.

"내가 내 무지개를 구름 속에 두었나니 이것이 나와 세상 사이의 언약의 증거니라(창9:12-13)."

무지개는 어떻게 만들어지는가? 구름 속에 있는 물방울에 빛이 비침으로 영롱한 무지개가 만들어진다. 무지개 색깔은 물방울이 아니면 나올 수 없다. 구름 속에 빛이 비침으로 무지개가 된다.

이를 마음의 세계로 비유하자면 이렇다.

구름은 인간의 이해력을 의미한다. 구름이 태양 빛을 가리듯이 인간의 이해력은 구름의 두께처럼 둔탁하다. 옅은 구름은 태양 빛을 투영하여 무지개를 만들어 내지만 짙은 먹구름은 빛이 투영되지 못한다.

각 사람 마음속에 있는 이해력은 구름처럼 옅기도 하고 짙기도 하다. 이해력의 차이이다. 마음에 순수, 선, 자비가 있으면 옅은 구름과 같은 상태이다. 그래서 진리의 빛이 비쳤을 때 깨달음이 주어진다. 이것이 무지개를 상징한다.

그러나 마음에 거짓이 있다면 짙은 먹구름이다. 거듭나는 것은 구름 위에 무지개가 솟는 것이다. 진리를 받아들여서 선행하는 것은 빛이 구름을 통과하는 것과 같다.

이때 구름은 빛을 반사하여 다양한 색깔의 무지개가 그 모습을 드러낸다. 만일 옅은 구름이라면 무지개는 더 아름답다.

마음의 구름은 무엇을 뜻하는가?

첫째, 구름은 문자적 의미이다.

성경을 문자로만 이해하는 자들이 있다. 이들은 성경을 문법적, 역사적 맥락으로만 이해한다. 문자 속에 들어있는 깊은 의미나 하늘의 계시를 찾지 못한다.

이런 식의 이해는 짙은 먹구름에 비유할 수 있다. 성경의 의도를 찾지 못한다면 수박 겉껍질만 핥는 것과 같다.

마치 유대인들이 율법의 의미를 알지 못하고 문자에 얽매여 허우적대다가 외식하는 것과 같다.

글자는 그릇과 같고 알맹이는 의미를 상징한다. 고로 순수한 의도를 가지고 있다면 비록 의미를 이해하지 못한다고 할지라도 양심으로 인해 진리의 깨달음이 주어진다.

둘째, 진리에 대한 무지이다.

어떤 자들은 신앙생활은 전능하신 분을 의존하는 것이라고 여긴다. 그런 차원에만 국한시킨다. 이들은 하나님을 의존하기 위해 진리를 갖는다.

진리를 삶의 원리로 믿고 따르는 것이 아니다.

이들도 마음속에 짙은 먹구름이 끼인 상태와 같다. 진리에 대한 이해력이 어두운 상태이다. 마음에 짙은 먹구름이 끼여서 영적으로 캄캄한 상태이다. 마치 하늘에 먹구름이 가득해서 온 세상이 어두운 것과 같다.

또 하나님에 관해 제대로 알지 못하고 진리를 듣지 못한 경우도 먹구름이다. 하지만 진리를 듣지 못해서 어둡게 되어도 삶을 통해서 양심이 만들어지기도 한다.

비록 무지하지만 순수한 마음의 그루터기가 있을 수 있기 때문이다. 순수함의 정도에 따라 진리를 받아들일 수 있는 마음 상태가 되기도 한다.

셋째, 거짓에 빠진 경우이다.

거짓된 사상, 왜곡된 교리에 빠져서 짙은 먹구름이 그 마음을 덮어버린 경우이다. 이 때는 양심이 만들어지기 어렵다.

예컨대, 모든 매사를 돈으로 계산하는 돈 중독자가 있다. 또는 섹스, 알코올, 도박, 권력 등에 중독되어 그것에 온통 마음을 빼앗겨 버린 자들도 있다.

거짓이 마음속에 들어오면 순수한 마음이 파괴된다. 고로 지옥의 세력이 그 마음을 지배하여 천국 문을 닫아 버린다.

종교는 진리를 믿음으로 거짓을 버리고 인생의 근본 목적을 깨닫도록 하는데 있다. 즉, 마음 상태를 변화시키는 데 있다.

그런데 거짓 교리가 마음에 들어와서 마음을 덮어 버린다.

오늘날 이미 자신은 선택되었고 구원 받았음을 강조하며 매너리즘에 깊이 빠진 이들이 많다. 이는 거짓 교리 덕분에 만들어진 결과이다. 또 단순하게 입으로 믿겠다는 말 한마디만 해도 즉석으로 구원 얻는다는 논리를 가진 자들이 있다.

진리를 아주 간단하게 머리속에만 간직하도록 만드는 잘못된 교리이다. 어리석은 자들은 이런 사상에 자신의 영혼을 내줘 버린다. 이는 결코 신앙이 아니고 썩은 논리에 불과하다.

야고보는 행함 없는 믿음은 죽었다고 말했다.

또 카톨릭에서는 교황은 천국 열쇠를 가지고 있다고 말하면서 스스로 권위를 내세우고 있다. 만일 그렇다고 가정해 보자. 만일 어떤 인간이 천국 열쇠를 가지고 있다면 그 다음에 어떤 일이 발생하겠는가? 그는 구원에 대한 권력을 남용할 것이다. 결국 카톨릭은 교황의 모든 말을 그리스도의 말로 둔갑시켰다. 심지어 교황 무오설까지 주장한다. 이들은 인간을 신의 자리에 앉혀 놓았다. 그리고 종교 재판을 행사한다.

누구든지 교황의 권위에 대적하거나 통치에 반대하면 감옥에 투옥시키기도 한다. 이런 식으로 인간들의 영혼을 지배하였다.

"불법이 성하므로 많은 사람의 사랑이 식어지리라."

이는 모두 마음속에 짙은 먹구름이 덮인 상태이다. 구름은 그 종류에 따라 품질이 드러난다. 구름 자체로만 보면 두껍고 밀도가 높아서 빛이 통과해서 무지개 색깔이 나올 수 있을까 하는 의문이 든다. 다시 말해서 스스로 자신의 죄악된 상태를 보면서 내가 과연 거듭났는가 하는 의문이 든다. 두꺼운 먹구름이 자신의 마음을 뒤덮은 듯이 보인다. 그래서 한심하고 초라한 자신의 모습을 보면서 절망하고 낙심하기도 한다.

그러나 자신이 보는 것과 다를 수도 있다. 자신을 보기에 두꺼운 먹구름인 줄 알았는데 덜 두꺼울 수도 있다. 또 자신을 옅은 구름이라고 평가하지만 아주 시커먼 구름 덩어리일 수도 있기 때문이다.

속사람의 양심과 겉사람의 양심

속사람과 겉사람은 둘 다 마음속에 내재된 사람이다. 속사람의 양심은 선의 양심이고 겉사람의 양심은 진리의 양심이다. 선의 양심은 진리에 대한 애착을 가지고 실천함에 따라 형성되지만 진리의 양심은 훈육과 도덕적인 생활에 의해 만들어진다.

선의 양심은 속사람의 양심이므로 진리의 양심보다 더 근본적이다. 양심은 속사람에서부터 겉사람에 흘러들기 때문이다.

선의 양심을 가지면 진리의 양심을 가질 수 있지만 진리의 양심은 선의 양심을 받을 능력만 있다.

속사람과 겉사람이 무엇인가?

속사람과 겉사람은 과일로 말하자면 속살과 껍질이다. 속살은 내적이고 껍질은 비와 바람과 눈을 맞게 된다.

속사람은 주께로부터 선과 진리, 양심이 있고 겉사람은 기억, 감각, 추론 등이 들어있어서 외부 환경과 접촉하는 사람이다.

둘 다 마음 안에 있기 때문에 단순하게 생각이라고 여기는 자도 있는데 그렇지 않다. 고로 속사람과 겉사람이 연합되었는지 아니면 속사람과 겉사람이 단절되었는 지를 보아야 한다.

그것은 속사람안에 있는 선과 진리, 양심이 겉사람에 흘러드는 자를 살펴보면 된다. 만약 흘러든다면 속사람과 겉사람이 연결된 상태이다. 그렇지 않다면 단절 상태이다.

인간이 기억과 감각에만 의존하여 살아간다면 그는 겉사람으로만 사는 상태이다. 속사람과 겉사람이 연결되어 사는 사람은 선과 진리, 공평과 공정을 목적으로 살아간다. 속사람으로부터 겉사람에게 전수되기 때문이다. 속사람과 겉사람은 확연하게 다른 존재이다.

속사람과 겉사람의 관계는 해와 달의 관계와 같다. 해는 발광체이지만 달은 발광체의 빛으로 발광한다.

속사람은 하늘의 지시를 받는 기관이고 겉사람은 속사람의 지시대로 살아가는 기관이다.

속사람과 겉사람이 단절되면 겉사람 만으로 세속과 접촉한다. 하늘의 뜻대로 살지 않는다. 그렇게 되면 양심 없이 살아가게 된다. 그것은 속사람과 겉사람이 단절되었기 때문이다.

속사람으로부터 분리된 겉사람은 본능에 따라 움직인다. 본능적으로 산다는 것은 식욕, 성욕, 공상, 감정에 의해 말과 행동이 움직이는 것을 말한다. 본능적인 자는 추론을 하면서 자기 말이 맞다고 주장할 뿐아니라 모든 것을 가진 것처럼 생각한다.

진정 사람다운 사람이 되기 위해서는 속사람이 하늘의 신령한 요소를 부여 받고 겉사람이 그것을 가지고 세상과 만나야 한다. 인간이 이런 원리에 의해 살아가야만 진정한 사람다운 사람이 된다.

바울은 속사람과 겉사람의 원리가 너무나 중요한 사실을 알았기 때문에 둘이 단절되었을 때 매우 고통스러워했다. 그는 두 존재가 자신 안에서 갈등하고 있음을 깨닫고 이렇게 외쳤다.

"나는 내 속에 곧 내 육신 속에 선한 것이 깃들여 있지 않다는 것을 압니다. 나는 선을 행하려는 의지는 있으나, 그것을 실행하지는 않으니 말입니다. 나는 내가 원하는 선한 일은 하지 않고, 도리어 원하지 않는 악한 일을 합니다. 내가 해서는 안 되는 것을 하면, 그것을 하는 것은 내가 아니라, 내 속에 자리를 잡고 있는 죄입니다. 여기에서 나는 법칙 하나를 발견하였습니다. 곧 나는 선을 행하려고 하는데, 그러한 나에게 악이 붙어 있다는 것입니다. 나는 속사람으로는 하나님의 법을 즐거워하나, 내 지체에는 다른 법이 있어서 내 마음의 법과 맞서서 싸우며, 내 지체에 있는 죄의 법에 나를 포로로 만드는 것을 봅니다. 아, 나는 비참한 사람입니다. 누가 이 죽음의 몸에서 나를 건져 주겠습니까?(롬7:18-24)."

바울은 마음 안에 있는 속사람과 겉사람이 단절되어서 원하는 선을 행치 않고 원치 않는 악을 행하고 있다고 고백한다.

속사람으로는 하나님의 법을 즐거워하지만 겉사람은 죄의 법을 섬긴다고 하였다. 이런 갈등에서 벗어나기 위해서는 겉사람이 속사람의 지배를 받아야 한다. 그래서 겉사람이 세상과 환경을 접촉해야 한다.

양심을 인식

바울은 겉사람이 자신을 파멸의 길로 인도하고 있다고 이렇게 고백한다.

"죄의 법 아래로 사로잡는도다"

바울은 겉사람이 자신을 죄가운데 이끌어가고 있음을 느꼈다. 이 문제를 어떻게 해결할 것인가?

속사람이 겉사람을 지배해야 한다. 속사람이 먼저가 되고 겉사람이 나중이 되어야 한다. 속사람이 우선이 되고 겉사람은 나중이 되면 바울의 고민이 해결된다.

그러면 인간은 겉사람으로 인한 거짓과 악은 속사람의 양심에 저촉되어 악을 두려워하고 거짓을 무서워한다. 속사람이 겉사람을 지배한 결과이다.

하지만 겉사람이 속사람과 단절되었을 때는 이런 마음이 전혀 생기지 않는다. 속사람이 지배하면 죄에 대해 두려운 마음이 생긴다. 왜 이런 현상이 생기는가?

인간은 보이지 않는 영적 세계와 교류하는 존재이다. 인간에게는 천사와 악령이 배치되어 있다. 천사를 통해서는 천국과 교류하고 악령을 통해 지옥과 교류한다.

속사람과 겉사람이 단절되면 악령이 겉사람을 선동해서 정욕과 물질에 깊이 빠져들게 만든다. 결국 죄에 물들게 된다.

하지만 인간이 천사의 인도를 받아 선과 진리를 따르게 되면 악령은 더 이상 선동하지 못한다. 천사가 인도하기 때문에 감히 접근할 수 없다.

악령이 겉사람의 거짓을 부추기면 즉시 천사의 방어와 보호가 따른다. 거짓을 말하거나 악행하면 두려움에 사로잡힌다. 양심에 저촉되는 두려움이다. 천사의 보호를 받아 양심이 살아나서 거짓을 방어하기 때문이다.

마음속에 선한 양심은 거짓을 허용하지 않는다. 양심을 통해 거짓을 방지한다. 양심의 파숫군을 세워서 마음속에 거짓이 틈타지 못하도록 주께서 지켜 주시는 방법이다.

거듭난 자가 양심에 반대되는 말을 하거나 행동하면 그는 양심의 가책을 느낀다. 이것이 주께서 마음속에 심어놓으신 원리이다.

주께서는 양심을 통한 질서 안에서 인간을 천국에 이르게 하신다.

양심과 이해와 의지

인간의 마음은 이해와 의지로 구성되어 있다. 인간은 이해와 의지로 생존한다. 이해는 앎의 기능이고 의지는 목적의 기능을 한다. 인간은 배움을 통해서 이해를 확장한다. 그리고 배운 지식을 의지에 적용하여 삶의 목적을 드러낸다. 인간의 본질은 목적하는 바에 달려 있다.

창문을 통해 빛이 받아들이듯이 진리를 받아들이려면 마음을 열어야 한다. 마음의 창문은 이해력이다.

마음의 창문을 여는 것은 진리를 이해하고 의지적으로 실천하겠다는 결단이다. 고로 진정한 의지가 아니고서는 이해도 없다. 의지를 제거한다면 이해력도 없다.

탐욕적 의지를 갖는다면 이해력은 함몰되고 만다. 재물에 대한 욕심에 사로잡힌 자가 과연 무엇을 이해하고 있는 지를 살펴보라. 인간이 생명을 얻기 위해서는 이해속에 진리가 있고 의지에는 선이 있어야 한다.

이해에 진리, 의지에 선이 있으면 그는 생명을 가진 자이다. 반대로 이해에 거짓, 의지에 악이 있으면 생명이 없다. 거짓과 악은 생명과는 정반대가 된다.

주께서는 욕심으로 인해 진리가 함몰되는 것을 방지하기 위해 하나의 장치를 마련하셨다. 바로 양심이다.

양심은 새로운 의지이고 새로운 이해이다.

의지적으로 선한 자들은 이해적인 측면에서 선한 사상을 갖는다. 하지만 의지적으로 악한 자는 거짓 사상이 있다.

의지가 탐욕적이면 그에 걸맞는 사상이 그를 지배하고 있음을 의미한다. 이는 진리가 들어갈 여유가 없는 상태이다.

고로 의지를 바꾸기 위해서는 변화되기 위한 여건을 조성해야 한다. 마음 상태가 변하지 않으면 타락한 인간을 변화시킬 희망이 없다. 이것을 아신 주께서 인간의 마음을 변화하도록 이끄셨다.

즉, 의지와 이해의 분리이다.

둘이 결속되면 하나만 잘못되도 한꺼번에 무너지기 때문이다. 그렇게 되면 인간은 변화의 가능성이 사라지고 만다.

그러나 이해와 의지가 분리된 상태에서 이해가 살아나면 의지가 변화될 희망이 생긴다. 의지가 변화할 수 있는 희망이 주어진다.

이를 위해서 주께서는 경이로운 장치를 예비하셨다.

바로 이해에 양심을 심어놓으셨다.

이해속에 있는 양심을 통해서 의지에 영향을 미치도록 섭리하셨다. 놀라운 일이다. 양심은 이해속에서 깨닫는 기능을 한다.

양심이 부각되어 의지에 영향을 미치도록 하시는 주의 섭리이다. 이제부터는 양심이 인간을 계도하게 되었다.

혹시 인간이 탐욕을 품었다고 하더라도 양심으로 진리를 전수받게 되었다.

그리하여 양심은 진리를 가지고 새 의지와 새 이해를 만들어나간다. 주께서는 이 능력 안에 계신다. 새로운 마음을 갖고자하는 상태와 비례하여 현존하신다.

이해

이해는 앎의 기능이다. 이해를 통해 지식을 받아들인다.

지식을 두 종류로 구분하면 진리와 거짓의 지식이다. 진리의 지식을 통해 선을 행하고 거짓을 통해서는 악을 행한다. 이는 진리와 거짓의 차이점이다.

진리는 하늘의 지식이다. 진리대로 살면 반드시 선행을 하게된다. 왜냐하면 양심 안에 진리가 있기 때문이다. 진리는 양심을 떠나서는 진리라고 말할 수 없다.

인생의 길은 깨달음의 여행이다. 인생은 수많은 경험을 하면서 지혜롭게 되는 과정이다. 이 말은 어차피 인생은 진리의 길을 걷게 된다는 말이다.

그러므로 진리를 가지고 있다면 그는 내적으로 교회이다.

바울은 이 부분을 두고 "너희는 하나님의 성전"이라고 말하고 있다. 마음속에 교회를 세우면 선이 증가되고 선행을 한다. 그러면 양심은 더욱 확장되고 양심적 삶이 더욱 넓어진다.

때로 인간들은 양심 없이 복수, 미움, 살육, 잔인함으로 행동한다. 주께서는 인간의 의지가 본성적으로 악함을 알기 때문에 곧바로 의지가 행동하지 않도록 양심의 필터 장치해 놓으셨다. 양심을 통해 사전 검열을 받도록 장치하였다.

양심으로 걸러진 이해가 의지를 일깨우도록 하셨다. 하지만 양심을 거치지 않은 생각이 곧바로 의지를 두드리면 악행하고 만다. 이는 행위에 있어서 양심의 필터가 얼마나 소중한지 말해주는 대목이다.

양심 속에는 선이 들어 있다. 인간이 선할 때는 천사같이 되지만 악할 때에는 악마가 된다. 양심으로부터 생각하고 말하지 않으면 결국 악마가 되고 만다. 양심은 주께서 인간을 변화시키는 방법이다.

의지

의지는 인간의 본질적 상태이다. 사후에 인간 본질이 드러나게 될 때는 의지가 드러난다. 감출 것 없는 세계에서 의지가 적나라하게 드러난다.

의지는 곧 사랑이다. 의지가 형성되는 것은 내면에 사랑이 형성되는 것이다.

의지는 순수를 기반으로 이루어진다. 의지는 유아기 시절부터 부모나 형제와 관계를 통해서 형성된다.

이렇게 형성된 의지는 아이들로 하여금 활기 있게 하고 넘어졌다가는 금새 일어서도록 만들기도 하고 또는 금방 울었다가도 또 웃기도 한다. 순수한 상태를 기반으로 의지가 만들어졌기 때문이다.

만일 인간에게 의지가 없다면 어떻게 될까? 인간이 될 수가 없다. 또 의지 하나만으로 인간이라고 말할 수도 없다. 의지만 가지고 있다면 짐승처럼 본능에 따라 움직인다.

사람이 되려면 의지는 이해를 통해 움직여야 한다. 이해는 올바른 지식을 가지고 의지에 영향을 미침으로 바르게 행동하도록 이끈다.

이해 속에 양심이 있다면 의지는 속사람과 연결되어 선한 삶을 살게 된다. 둘은 언제나 짝을 이룬다. 둘이 협력하고 함께 할 때 인간이다.

합리성과 양심

 합리성은 사전적으로 이치와 논리에 합당한 성질이라고 말한다. 합리성은 어떤 일에 대해 해답을 얻기 위한 논리적 방식이다. 우리가 말하고자 하는 합리성은 단지 논리에 그치지 않고 현실에서 선한 방향을 향해 나아가는 것을 의미한다.

 양심이 있는 자는 합리성이 있다. 거짓된 자와 양심 없는 자는 합리성에 의한 판단을 하지 못한다. 그들에게 합리성이 있는 듯 보이지만 그렇지 않다. 그들은 삶의 목적 자체가 감각적, 육체적, 물질적인 관점만을 가지고 있기 때문에 올바른 논리가 형성되지 못한다.

합리성의 역할

첫째로 합리성은 속사람과 겉사람을 일치되게 하는 매체이다.

합리성은 공평, 공정, 옳바름, 선을 지각하는 사고력이다.

이런 사고력은 삶을 객관적으로 구별하는 능력이 있다.

합리성은 겉사람이 속사람에게 순종하도록 이끈다.

물질로만 살아가는 인간으로 하여금 영적으로 살아가도록 이끈다. 그 차원으로 겉사람의 욕망과 환상을 억제하고 속사람의 선하고 참된 것을 생각한다.

합리성은 천국, 거룩에 대하여 자신을 곰곰이 되새겨 보게 한다. 합리성이 있는 만큼 자신을 살펴보고 선을 추구한다.

인간이 합리적으로 생각하지 않으면 단지 물질적 차원에만 머물게 된다. 이런 자는 짐승 수준이다.

인간이 합리성을 잃어버리면 영적 세계에 대해 무지하고 오로지 감각에만 몰입한다. 이런 자는 탐욕에 깊이 침몰된다.

그러면 더 이상 양심의 가책이 없게 된다. 한마디로 사람이 되지 못하고 짐승이 된다. 이들을 짐승이라고 하는 이유는 본능에 의해 살기 때문이다.

탐욕자들은 마음이 더러운 자들이다. 이들은 사후 삶이나 속사람에 관해서 관심이 없다. 오로지 세속에만 관심을 쏟는다. 이들은 자기 손에 무언가 들려있어야 만족하고 감각적으로 야릇한 느낌이 있어야 만족하고 그 강도는 더 심해져서 강력한 하드 코어를 찾는다.

스스로 지옥 깊은 곳으로 자신을 빠뜨린다.

이들은 마치 어두운 지하실에 돈을 쌓아두고는 돈을 지키기 위해서 살아가는 자와 같다. 시커먼 쥐들이 돈을 갉아먹기 위해 쉴 새 없이 달려들기에 그것을 방어하느라 정신없다.

결국에는 완전히 녹초가 되어 자포자기 상태에 빠진다.

어두운 지하실에서 빠져나올 때까지 이 일은 반복된다. 욕심에 의해 살아가는 인간들의 모습이다.

성경에 "이마에 땀을 흘려야만 양식을 먹게 된다"는 의미가 바로 이런 뜻이다. 탐욕으로 선한 면이 모두 사라져 버린 상태이다. 인간이 이렇게 되는 이유는 합리성의 부재 때문이다. 즉, 속사람의 속성을 겉사람이 받지 못하기 때문이다.

주께서 이 땅에 오신 목적은 속사람과 겉사람의 연결고리가 부쉬졌기 때문에 이를 회복시키고자 오셨다. 주께서 먼저 겉사람을 진리로 거룩하게 하시고 합리성을 부활시켜서 속사람에 결합하도록 이끄신다.

합리성의 부활은 곧 양심 회복을 의미한다.

둘째로 합리적 지식은 진리로 나아간다.

인간은 지식을 먹고 살아간다. 지식은 생각하는 능력을 가져다준다. 또한 지식은 심사숙고하도록 만든다. 우리는 지식을 왜 습득해야 하는가? 겉사람이 지식을 배우는 이유는 속사람을 섬기기 위해서이다. 지식에는 종교적 지식과 자연 과학적 지식이 있다.

이스라엘 민족은 날마다 광야에 내려졌던 하늘의 만나로 생존하였다. 이 양식은 하늘에서 내려오는 양식이다. 마찬가지로 위로부터 내려오는 합리성의 양식으로 속사람의 생명을 얻는데 나아간다.

 고로 합리적 지식은 영혼의 양식이다. 합리적 지식은 인간이
양심, 선과 진리로 향해 나아가게 한다. 인간에게 합리적 지식
이 없으면 지식은 기억에만 머물고 결코 지혜가 될 수 없다.

 합리적 지식으로 합리적 인간이 된다. 합리적 인간은 자신의
지식을 진리 되게 한다. 그렇게 되게 만드는 것이 양심이다.

합리성 없는 자

 합리성이 없는 자는 본능적 욕심에 의해 살아간다. 이들은 양
심의 소리를 듣기보다 추론하고 변명하기를 좋아한다.

 타인 앞에 자신을 높이기를 좋아하고 그럴 듯하게 포장하면서
살아간다. 이들이 겉으로 예의를 지키면서 행동하는 이유는 타
인에게 보여주기 위한 위장술에 불과하다.

 이들은 오로지 주변의 이목과 재산 손실, 명예, 목숨의 연명에
만 관심이 있다. 자신에게 위기가 닥치면 미친 듯 날뛰고 노골
적으로 공격한다.

 겉으로 지식이 있는 것처럼 보이지만 합리적 지식이 아니다.
세상에는 합리성을 가지지 않은 자가 가진 자보다 더 민첩하고
약삭 빠르게 행동하는 경우가 많다. 이들에게는 진리가 없다.
진정으로 합리성을 갖고 있는지의 여부는 순진무구한 지를 보
아야 한다.

첫째 합리성과 둘째 합리성

합리성은 선을 추구한다. 누구든지 진정 원한다면 합리성을 얻을 수 있다. 주께서 이 능력을 끊임없이 주시기 때문이다.

첫째 합리성

거듭나기 전에 갖는 합리적 상태를 첫째 합리성이라고 한다. 첫째 합리성은 자아에 의해 이성적으로 생각하고 판단하고 결정한다.

첫째 합리성은 감각, 경험적 지식, 전문 지식, 종교적 교리 등의 개념이 있다. 이때는 눈에 보이는 세계의 물질적 관념으로만 구성되어 있다. 매우 지적인 듯이 보이지만 단지 기억 수준에 머문 상태이다. 이때의 합리성은 오직 감각으로부터 받아들인 정보만을 믿기 때문에 의미를 깨닫지 못한다.

이 단계에서의 선행은 칭찬과 인정을 받기 위함이다. 선행의 목적이 자신을 위함이다.

첫째 합리성으로는 천국과 지옥, 사후의 삶, 주의 나라 등을 믿을 수 없다. 영적 세계는 더욱더 그러하다. 이때는 보이지 않는 것이나 감각에 접촉되지 않는 것은 받아들이지 않는다.

이 단계에서 명예롭게 행동하는 것은 명예 자체를 사랑하기 때문이다. 다만 자신의 명예를 위해서 행동을 조절하는 것뿐이다. 자기 체면과 명예를 위해 타인의 이목 때문에 말과 행동을 조심할 뿐이다.

이 단계에는 영적 진리를 믿지 않는다. 이들은 감각에 매여 있기 때문에 눈으로 보고 들리는 세상만이 전부라고 여길 뿐이다. 이들은 성경을 문자적으로만 믿고 감각에 의한 사실과 철학적 논증에 근거를 두고 있어서 진리를 이해하지 못한다.

둘째 합리성

거듭난 이후의 합리성을 두고 둘째 합리성이라고 한다. 이때는 점진적으로 진리와 선에 일치하는 삶을 살아간다.

이 상태는 한 인간의 성장이 마치 나무가 자라는 모습을 연상하게 한다. 씨가 좋은 땅에 심겨져서 뿌리를 내리고 싹이 돋고 큰 나무로 자라서 가지를 뻗어 열매를 맺는 것과 같다(마13:31-32). 이 단계에서는 속사람의 선과 진리, 양심의 수액을 받아서 열매를 맺는 나무가 된다. 첫째 합리성은 아직 제대로 익지 않아서 시고 떫은 과일이라고 한다면 둘째 합리성은 나무에서 떨어질 정도의 잘 익은 과일에 비유할 수 있다.

둘째 합리성은 자신이 선행할지라도 자신의 공로를 내세우지 않는다. 선과 진리는 자신의 것이 아니라 주께서 주신 것이라고 시인한다. 이를 더욱 굳건하게 할수록 그는 진리로 나아간다. 이들은 선과 진리 자체에서 즐거움을 느낀다.

둘째 합리성을 가지고 있다고 할지라도 첫째 합리성은 없어지는 것이 아니라 다만 분리되어 있을 뿐이다. 첫째 합리성의 요소는 여전히 남아있다.

시험과 양심

깊음의 샘

성경에서는 시험에 대해 이렇게 묘사한다. "큰 깊음의 샘들이 터졌다(창7:11)"

여기서 깊음의 샘이 터졌다는 말은 맹렬한 시험이 올라왔다는 의미이다. 예언자 에스겔은 시험에 대해 말하기를 "깊은 바다가 네 위에 오른다(겔26:19)."라고 하였다. 깊은 바다가 올라옴은 거짓의 세력이 의식세계에 올라왔음을 의미한다.

고대 시대에는 깊음을 지옥이라고 비유했다. 지옥의 세력은 깊은 바다같이 나타난다. 깊은 바다가 네 위에 오른다는 말은 지옥의 거짓이 덮쳤음을 의미한다.

지옥에서 인간을 유혹하는 거짓 악령들이 몰려온다. 악령들은 인간들로 하여금 악의 열정을 갖도록 부추긴다. 만약 어떤 자가 미움을 가지고 분노를 폭발한다면 악령들이 떼거지로 몰려와서 그로 하여금 분노가 머리끝까지 치밀어 올라오게 만든다.

영적 전투의 공격자는 악령이고 방어자는 천사이다.

악령들이 어떻게 거짓과 악으로 인간을 공격하는 지를 천사들은 세밀하게 잘 알고 있다. 악령들이 유혹하는 이유는 인간을 지옥으로 끌고 가고자 함이다. 이는 천사가 천국으로 안내하고자 하는 것과 같다.

시험은 영적 전투이다. 거짓 세력이 인간을 넘어뜨리고자 시도할 때 천사가 이를 방어 하면서 벌어지는 싸움이다. 이때 영혼이 예민하게 느끼는 것이 양심의 가책이다. 양심의 가책이 이루어지는 전투 현장은 이해와 의지이다. 이해를 통해 과거 잘못된 행위가 떠오르고 의지가 어떻게 할 것인지를 판단 받는다.

양심의 고자질

주께서 이런 비유를 하시었다.

"하늘나라는 자기 종들과 셈을 가리려고 하는 어떤 왕에 비길수 있다. 왕이 셈을 시작하니 일만 달란트 빚진 종 하나가 왕 앞에 끌려왔다. 그런데 그가 빚을 갚을 길이 없으므로, 주인은 그 몸과 아내와 자녀들과 그 밖에 그가 가진 모든 것을 팔아서 갚으라고 명령하였다. 그랬더니 그 종이 엎드려서 무릎을 꿇어 애원하기를 참아 주십시오. 다 갚겠습니다고 하였다. 주인은 그 종을 가엾게 여겨, 그를 놓아 주고, 빚을 탕감하여 주었다. 그러나 그 종은 나가서, 자기에게 백 데나리온 빚진 동료 하나를 만나, 붙들어서 멱살을 잡고 내게 빚진 것을 갚아라 하고 말하였다. 그 동료는 엎드려 간청하기를 '참아 주게. 내가 갚겠네' 하였다. 그러나 그는 들어주려 하지 않고, 가서, 그 동료를 감옥에 가두고, 빚진 돈을 갚을 때까지 갇혀 있게 하였다. 다른 종들이 이 광경을 보고, 매우 딱하게 여겨서, 가서 주인에게 그 일을 다 일렀다. 그러자 주인은 그 종을 불러다 놓고 말하였다. '이 악한 종아, 네가 간청하기에, 내가 네게 그 빚을 다 탕감하여 주었다. 내가 너를 불쌍히 여긴 것처럼, 너도 네 동료를 불쌍히 여겼어야 할 것이 아니냐?' 주인이 노하여, 그를 형리에게 넘겨 주고, 빚진 것을 다 갚을 때까지 가두어 두게 하였다. 너희가 각각 진심으로 형제나 자매를 용서하여 주지 않으면, 내 하늘 아버지께서도 너희에게 그와 같이 하실 것이다(마18:23-35)."

일만 달란트는 당시로서는 한명의 노동자가 15년간 일을 해야 하는 상당한 돈의 액수이다. 왕은 그 많은 돈을 탕감해 주었다. 그런데 그 많은 돈을 탕감 받은 자가 자기에게 하루 일당 정도의 돈을 빌려간 자를 빚을 갚지 않았다는 이유로 감옥에 가두었다.

다른 종들이 이 광경을 보고 매우 분개하여서 왕에게 가서 그 일을 낱낱이 일러 바쳤다. 마음의 세계에서 잘못된 행위를 주인께 일러바치는 다른 종들이란 누구를 말하는가? 다른 종은 다름 아닌 양심이다.

양심은 불의한 행위에 대해 매우 서운해 한다. 불의한 사실을 묵과하고 넘어가도록 하지 않는다.

고로 마음에 양심의 가책이 울리도록 한다. 그래서 잘못된 행위를 고자질한다. 탕감받은 은택을 감사할 줄 모르는 종의 행위를 일러 바친다. 왕은 종을 무자비한 종이라 하면서 견책했다. 왕이 몹시 노하여 그 빚을 다 갚을 때까지 그를 형리에게 넘겼다.

왕의 자비를 받았음에도 불구하고 타인에게 자비롭지 못한 사람의 종말이다. 자비하심을 입었음에도 동료에게 무자비하다면 이런 지경에 떨어진다는 의미이다. 그는 채무를 다 갚을 때까지 시험에 처한다. 이것이 영적 원리이다.

양심은 우리의 잘못된 행위를 고자질 한다. 양심의 역할은 용서와 직결되어 있다. 주기도문에 우리가 우리에게 죄진 자를 용서하듯이 우리의 죄를 용서하소서(마6:12). 인간은 양심의 고자질을 피할 수 없다. 양심은 우리의 잘못을 깨우는 역할을 한다.

시험의 과정

시험은 천사와 악마의 전투이다. 그 전투의 현장은 어디인가?

첫째 시험의 전투는 이해에서 시작된다.

성경에 스가랴 선지자가 환상을 보았다. 대제사장 여호수아가 천사 앞에 섰고 사탄은 오른쪽에 서서 그를 대적하고 있다(슥 3:1). 이때 대제사장 여호수아는 관습으로 쪄들은 더러운 옷을 입고 있었다. 사탄은 이를 미끼로 고소한다. 대제사장 여호수아는 고소당하는 사람으로 심판자 앞에 서 있었다.

대제사장 여호수아를 비난하는 사탄은 각 개인의 마음 또는 교회에서 작동하는 거짓의 영을 말한다. 사탄은 인간을 기소하기 위해서 기억에 저장된 죄악의 흔적을 찾는다.

악마와 사탄 사이에는 구분이 있다. 악마는 악의 원리를 의미하고 사탄은 거짓의 영을 의미한다. 사탄은 이해에 접근하여 인간을 기소한다.

사탄은 지금까지 살아오면서 욕심으로 행한 모든 기억을 찾는다. 잘못한 짓에 대해서는 그대로 기소하고 정죄하지만 잘한 것은 오히려 뒤집어서 공격하여 죄책감을 느끼게 만든다. 이것이 사탄의 공격 방법이다.

그러니까 자신이 죄라고 여긴 것을 생각나게 하고 또 부끄러운 짓을 생각나게 함으로 본래 자신이 그런 존재인 것처럼 여기도록 만드는 것이 목적이다.

"너는 본래 죄가 많은 인간이야!"라는 사탄의 목소리가 마음속에 울려 퍼지도록 만든다. 인간들은 이 소리가 자기 생각인 줄 알고는 하염없이 고통스러워한다.

사탄의 공격은 생각을 온통 시끄럽게 만들어 많은 괴로움을 겪도록 만든다. 사탄의 공격은 생각 차원의 공격이지만 행동에 옮기지는 않는다. 하지만 지난날의 쾌락에 대한 애착과 잘못된 일을 떠오르게 한다. 주의 계명을 어기고 싶은 욕망이나 하지 말라는 계명을 하고 싶어 하는 마음이 불쑥 올라온다.

인간의 다양한 욕망은 마치 통속에 침전되어 있는 찌꺼기 같아서 이리 저리 휘저으면 수면에 떠오른다. 사탄은 이런 것을 자극한다.

 감각적인 거짓과 헛된 망상을 소집해서 진리를 상실하게 만든다. 그렇게 하여 선을 짓밟아버린다.

 이런 욕망은 순식간에 마음을 덮친다. 사탄은 악의를 가지고 거짓과 악을 선동해서 인간이 지옥과 교류하게끔 유도한다.

 그러면 천사는 악을 방어하기 위해 사탄과의 전투가 벌어지게 된다. 마음의 성을 차지하기 위한 싸움이 벌어진다. 사탄이 거짓을 불러일으키는 것은 불결한 짐승이 한꺼번에 몰려드는 것이다. 주로 불결한 짐승으로는 돼지, 늑대, 뱀, 여우, 표범과 같은 맹수 등이다.

둘째. 의지에서 벌어지는 전투이다.

 악마들이 의지를 공략할 때는 이해에 접근했던 방법과는 다르다. 이해를 공략할 때는 불결한 짐승에게 소집령을 내렸지만 의지의 시험은 애착에 접근한다. 그리고는 애정에 불을 지핀다.

 당사자가 무슨 애착을 가졌는지를 먼저 살핀다.

 세속적 애정에 광분하도록 만든다. 이는 인간이 전혀 알 수도 없고 느끼지도 못하는 방식으로 진행된다. 인간이 애정에 과잉 흥분하게 되면 필사적으로 무슨 짓이든 한다.

 그래서 선과 진리를 좋아했던 마음이 사라지고 악과 거짓에 대한 애착을 갖도록 불 지른다. 선과 진리의 애착을 악과 거짓의 애착으로 뒤바꾸어 버린다. 이것이 악마가 의지를 점령하는 방법이다.

의지의 시험은 인간을 고문하는 맹렬한 불길이다. 이 불길은 순식간에 온 영혼을 태워버리고도 남는다. 그 애착의 종류는 다양해서 그 수를 셀 수도 없다. 술, 담배, 도박, 성, 마약, 사치품, 먹는 것, 전쟁, 권력 등이다.

이런 애착이 거세게 타오르면 어리석은 자는 애착에 목숨을 건다. 마치 나방이 환한 불빛을 보고 덤비다가 타죽는 것과 같다.

하지만 이들은 이것이 별거 아니라고 여기거나 놀이 정도로 대수롭지 않게 생각한다. 인생은 본래 이런 재미로 사는 것이라고 말하면서 넘겨 버린다.

하지만 애착의 불길은 인간을 넘어뜨리기 위한 악마의 치밀한 전략이다. 당사자는 그것을 인식하지 못하고 있을 뿐이다.

영적 민감성을 가진 이들은 이런 불길은 악마의 욕망에서 비롯된 것임을 분명하게 지각한다. 그것들이 무엇이며 어디서부터 온 것인지 명확하게 알고 있다. 이런 관점에서 볼 때 의지의 시험은 이해의 시험보다 훨씬 더 강렬하고 강도가 세다. 이 싸움의 증거가 양심의 고통이다.

양심의 가책

양심의 가책이 올 때에는 가슴이 울렁거리고 자신의 행위에 대해 후회한다. 마음속에서 뭔가가 느껴졌다는 것은 이미 내면에서 어떤 일이 벌어졌음을 의미한다.

양심의 가책은 이미 행위가 이루어졌거나 아직 행위는 이루어지지 않았다고 할지라도 양심의 소리가 울릴 때 일어난다.

이는 마음속에 천사와 악령의 전투가 있다는 증거이다. 이런 전투의 증거가 양심의 가책이다. 죄에 빠지면 양심의 가책을 전혀 받지 않는다. 사실 양심의 가책을 느끼면서도 과거 잘못된 죄를 반복하는 경우가 많다. 이는 부패된 의지에 지성이 끌려 다니기 때문이다.

시험과 선택

주께서는 인간이 시험을 당할 때 영향력의 중심을 잡아 주신다. 이 말은 천국과 지옥의 바람 사이에서 균형을 유지하도록 도와주신다. 즉, 자유의지를 가지고 선택할 수 있도록 하신다. 인간의 한계를 초과하는 시험이 오지 않도록 보호하신다.

바울은 말하기를 사람이 감당할 시험 밖에는 너희가 당한 것이 없나니 오직 하나님은 미쁘사 너희가 감당하지 못할 시험 당함을 허락하지 아니하시고 시험 당할 즈음에 또한 피할 길을 내사 너희로 능히 감당하게 하신다고 하였다(고전10:13).

가끔 인간들은 변명하기를 자신은 믿음이 약해서 어쩔 수 없이 시험에 넘어졌다고 말한다. 그러나 이 말은 답변이 될 수 없다. 어쩔 수없이 넘어지는 상황은 없다.

모두 자신의 선택일 뿐이다. 선한 영향력과 악한 영향력 둘 중

하나를 선택한 것이다.

인간은 영향력을 주는 영적 세력 한가운데 있다. 선한 세력과 악한 세력 중에서 어느 하나를 선택해야만 한다.

자유의지는 분명 자신에게 있다. 생각과 느낌을 어떻게 할 것인지는 자신에게 달려 있다. 새가 머리 위로 날아가게 하는 것은 어쩔 수 없지만 새가 머리에 둥지를 틀게 한다면 자신에게 책임이 있다.

욕망을 따르고 기쁨을 느꼈다면 그것은 의지가 작동한 것이다. 반대로 욕망이 올라올 때 단번에 거절하고 선한 마음을 갖고자 한다면 그것도 의지가 작동한 것이다.

만일 인간이 선을 자유롭게 선택하지 못한다면 어떻게 선한 자가 될 수 있겠는가? 인간에게는 자유 의지가 있다. 선을 자기 것으로 만들 수 있는 자유가 있다. 인간은 선을 분별할 능력도 있고 악을 분별할 능력도 있다. 선을 분별할 능력도 없다면 어떻게 선을 선택하겠는가? 마찬가지로 마음속에 있는 악을 분별하지 못한다면 어떻게 악을 거절 하겠는가

주께서 각 사람의 영적 수준에 따라 시험을 허용하시는 이유는 더 높은 차원의 선을 선택하도록 하기 위함이다.

예컨대, 힘든 운동을 열심히 해나가면 근육이 단련된다. 그러면 좀 더 강도 높은 훈련을 할 수 있다. 마찬가지로 인격도 시련과 시험을 통해서 그 힘이 더 강건해진다. 더 깊은 악에 노출되면 인격은 더 발달된다. 그렇다고 일부러 시험을 받을 필요

는 없다. 우리는 자신의 약함을 알지 못하고 오직 주 만이 악과 싸울 수 있는지를 판단하신다.

주께서 우리에게 "시험에 들게 마옵시고 다만 악에서 구하여 주옵소서..." 라고 기도하라고 하셨다. 때가 되어 시험이 오면 시험에 정면으로 맞서야 한다. 주께서 준비하신 수단을 동원해서 시험을 극복할 수 있다.

사랑에 대한 시험

"하나님께서 아브라함에게 말씀하시기를 하늘의 뭇 별을 셀 수 있나 보라 네 자손이 이와 같으리라고 말씀하시자 아브라함은 이렇게 반문하였다. 그가 이르되 주 여호와여 내가 이 땅을 소유로 받을 것을 무엇으로 알리이까?(창15:8)."

아브라함은 하나님께 확실한 증거를 요구했다. 아브라함은 주의 약속이 이뤄질 것인지 확신이 없었다. 우리들 경우도 마찬가지이다. 우리들도 우리 자신이 받는 시험에 대해 확실한 보증을 원한다. 시험 이후에 확실한 축복을 기대한다.

주의 사랑과 자비를 믿지만 이에 따른 의심 역시 더 무겁기만 하다. 사실 의심이 든다고 자포자기할 정도라면 시험도 없었을 것이다.

악령들은 우리가 주님사랑과 이웃사랑을 하고자 하면 금방 알아차리고는 파괴하려고 덤벼든다. 또 우리가 선과 진리에 대해 애착을 가지면 악과 거짓을 가지고 싸움을 건다. 왜 그렇게 악령들은 우리의 사랑에 대해 싸움을 거는가?

그것은 사랑 안에 생명이 있기 때문이다. 악령은 사랑을 파괴함으로 인간을 파괴한다. 악한 세력은 끝까지 파괴를 멈추지 않는다. 악령은 교활하기 때문에 우리가 사랑하는 바를 공격한다.

그것으로 생명을 멸절하고자 하는 데 그 방법은 우리가 납득할 수 없는 수만 가지 방식으로 자행된다.

그것은 주가 받은 시험을 보면 알 수 있다. 주께서는 그분의 사랑 만큼 끔찍한 시험을 받으셨다. 그분은 선과 진리 자체가 되신 분이시다. 그분은 자신의 힘으로 그 모두를 정복하셨다. 주의 승리하심은 악령이 더 이상 어떤 짓을 못하도록 하는 결과를 가져 왔다. 우리들도 주의 힘으로 승리할 수 있다.

시험의 종류

시험에는 천적, 영적, 자연적 시험이 있다. 천적 시험은 주를 사랑하는 자에게 찾아온다. 영적 시험은 이웃에게 선행하는 자에게 주어진다. 자연적 시험은 엄밀하게 말해서 시험이라기보다는 일상적 어려움이다. 불운, 가난, 질병, 근심, 장래에 대한 불안 등으로 오는 고통이다. 이런 고통은 환경이 자신이 원하는 대로 되지 않았을 때 오는 결과 라고 할 수 있다.

사람은 누구든지 명예, 재산, 건강에 문제가 발생될 것에 대한 불안을 갖고 있다. 이런 것은 시험이라기보다는 손실에 대한 염려에 불과하다. 이런 걱정을 벗어나기 위해 바르게 살거나 선으로 방향 전환 하기도 한다. 또 자신의 잘못을 반성하고 새 마음을 갖기도 한다.

인간은 삶의 환경에 지대한 영향을 받는다. 주변 환경을 두려워하기도 한다. 혹시 가난하게 되지는 않을까? 질병에 걸리면 어쩌나? 가까운 가족이 세상을 떠나면 어떻게 하나? 사업에 망하게 되면? 등등의 위기 의식을 느낀다.

이런 위기 의식으로 마음에 평화가 깨지기도 한다. 대체적으로 물질적 풍요만을 목적하는 자들이 질병, 불행, 이별 등의 슬픔을 겪으면 극심한 혼란을 겪는다.

그래서 지난 날의 과오를 생각하고 다시금 경건한 존재로 바뀌기도 한다. 거짓을 버리고 진실을 찾기도 한다.

그러다가도 어느새 형편이 나아지면 본래 모습으로 되돌아가기도 한다. 새 인격을 갖추려고 하다가 형편이 나아지면 어느새 세속적인 인간으로 되돌아가고 만다.

또는 질병으로 죽음의 위기에 떨어졌을 때 자신이 죽어간다는 사실을 느끼고 자신이 세상적인 일에만 몰두해왔음을 후회한다. 쓸데없이 돈, 명예에 시간과 정열을 허비했음을 뉘우친다.

지난 과거에 좀 더 사랑하면서 살지 못했음을 후회한다. 그리하여 순수한 마음으로 돌이킨다.

또는 종교인들이 시련과 위기를 만났을 때 하나님의 징계라고 여긴다. 자신의 잘못 때문에 이런 일이 생겼다고 여기고 하나님께 회개 기도를 하거나 마음을 바꾸어 선하게 행동한다.

시험 이길 힘

시험은 악령이 거짓과 악을 동원해서 영적 생명을 파괴하고자 맹렬하게 공격하는 데서부터 온다. 그러나 주께서 시험을 이기신 것처럼 인간에게 시험을 이길 힘을 부여 하신다.

주께서는 더 이상 악령이 거짓과 악을 불어넣는 짓을 못하게 하신다. 그리하여 시험하던 악령들을 몰아 내신다.

하지만 악령 그 자체가 없어지는 것은 아니다. 악령의 세력은 멀리 떨어져서 또 다시 시험할 기회를 엿본다.

인간이 시험 받을 때 제일 먼저 출전하는 것은 이미 머릿속에 있는 진리의 지식이다. 진리를 부여잡고 주를 의지 한다.

시험 받을 때 주께서 함께 하지 않는 것 같이 느끼지만 실상 주는 더 가까이 현존하신다. 왜냐하면 인간 스스로는 악령과 싸움을 버텨낼 수 없기 때문이다. 더구나 영적으로 죽은 자들은 이 싸움을 버텨낼 수가 없다.

하지만 시험을 견뎌낸 자는 주의 자비하심을 깨닫는다. 혹독한 시험을 겪으면서 주께서 힘을 주시지 않았다면 도저히 견딜 수 없었을 것이라고 고백한다.

당시에는 주께서 도와주시지 않는다고 생각했지만 시험을 겪고 난 후에 뒤늦게 깨닫는다.

그리고 자신은 아무 것도 아님을 알게 된다. 시험을 겪고 난 후에 자신은 아무 것도 아니며 주의 도우심 없이는 단 한순간도 살 수 없음을 깨닫게 된 것이다.

그리고 더욱 더 순수해지고 선한 양심을 갖게 된다.

시험에 따라서 더 외적 시험이 있는가 하면 내적인 시험도 있다. 주는 이 모든 시험을 다 거치시었다.

주께서 시험을 통해서 악마와 싸우신 이유는 온 인류를 구원하시기 위함이었다.

그분은 지상의 모든 시험 중에서 가장 극렬한 시험을 견뎌내셨다. 그분은 최극단의 시험을 당하셨고 선과 악, 진리와 거짓의 전투를 수행하셨다. 시험을 이기심으로 영화롭게 되셨다.

공관복음에는 주께서 공생애 기간 동안에 겪은 수많은 시험에 대해 기록되었다. 그분이 겪은 시험과 우리의 시험은 정도의 차이는 있지만 그분이 겪은 시험은 우리가 겪어야할 시험의 종류이다.

그 시험은 우리들도 이런 영적 싸움을 해야 한다는 모범을 보여 주셨다. 그분은 온 인류를 향한 사랑을 가지고 자기 사랑과 세상 사랑을 이기셨다. 사랑의 모범을 보여 주셨다.

우리도 그분의 사랑의 힘으로 자기사랑과 세상사랑을 극복해야 한다. 주께서 그 힘을 시험 당하는 우리에게 부여해 주신다. 이것이 우리가 시험을 극복할 수 있는 방법이다.

위선

위선은 타인 보기에 거짓으로 꾸미는 것을 말한다. 위선하는 자는 친절하게 접근하면서 자신이 선한 자인 것처럼 꾸며서 타인으로 하여금 어떤 의심도 갖지 못하도록 한다. 한마디로 타인을 속이는 것이다.

하지만 정작 자신은 은밀하게 음란하고 더러운 짓을 꾸민다. 이들의 속내는 타인을 향해 경멸, 무자비, 증오심, 냉소를 품고 있다. 위선자가 은밀하게 악한 짓을 할 때는 철저하게 대리인을 조종해서 술책을 부린다. 제 삼자를 조종해서 폭행을 저지르거나 어리석은 자들을 꼬드겨서 자기 말을 듣게 만들어 가정을 파괴하고 재산을 갈취하고 깔아뭉개고 죽이는 일을 한다.

이들은 타인을 앞세워서 악행을 저지르고는 자신은 뒤에 숨어버리는 사악한 자들이다. 뒤에서 조종하는 자와 악행하는 자는 실상 같은 자들이다. 동급이다.

이런 자들은 나무위에서 숨어서 먹잇감을 기다리는 표범 같은 자이다. 이들은 사기를 벌일 대상을 노려보고는 갑작스럽게 공격하는 영혼의 사냥꾼들이다.

위선자의 특징으로는 겉으로 부드럽게 말하고 예의 바르게 행동하면서 타인의 귀와 눈을 속인다. 일부러 겸손한 척 행동하면서 좋은 평판을 유지한다. 이는 연습에 의해 훈련된 행동에 불과하다. 친절과 억지 겸손으로 자신의 속내를 숨기는 위장술이다.

고도의 위장술에는 천재적 기질을 발휘하지만 생각과 사상은 진리를 찾아볼 수 없다. 그저 겉모습만 변신하면서 살아가는 모습뿐이다. 얼핏 보면 매우 상냥하고 공손해 보이지만 그의 삶의 목적은 허탄한 탐욕과 쾌락뿐이다.

친절을 미끼로 사기를 벌이는 자가 있다. 어리석은 자에게 접근하여 말로 홀리고는 결국 상대방의 것을 갈취한다. 이런 자는 위선자들이다.

위선자 중에는 상대의 마음을 이해하는 공감 능력을 가진 자들이 있다. 타인을 공감해주고 이해해주는 데 탁월한 재능을 가졌다. 이런 재능을 가지고 타인을 꼬드겨서 욕망대로 살도록 부추긴다. 즉, 자기 사랑을 독려한다.

"짧은 인생 네가 하고 싶은 대로 하며 사는 것이 최고의 삶이고 인생이야"라고 말한다. 그런 식으로 꼬드겨서 진리보다 자신에게 올인 하도록 만든다.

이들의 근원적 목적은 타인의 욕망을 부추겨서 진리를 망가뜨리는 데 있다. 간악한 수법이다.

 이런 경우도 있다. 종교 생활을 하면서 신앙이 깊다는 소리를 듣고 싶어 하는 자들이다. 이들은 종교적 자기 업적을 늘어놓는데 열광한다. 그러나 이는 좋은 평판을 유지하기 위한 수법에 불과하다.

 종교 가면 뒤에 자신의 추악한 모습을 감추는 자가 있다. 그는 종교의 허울을 쓰고 교권을 휘둘러서 남용하는 불법자이다. 그는 화려하고 단정한 종교의 가운을 입고 단상에서 시적 표현으로 자기를 포장하면서 예식을 행한다. 입으로는 부드럽게 말하지만 실제적으로 자신보다 못하다고 여기는 자에게는 마치 군대 사령관이라도 된 것처럼 하대한다.

 또 이런 자도 있다. 수많은 군중을 모아서 설교하기를 하나님이 자신에게 얼마나 능력을 주셨는 지를 역설하는 자이다. 이들의 관심사는 많은 대중 앞에서 자기를 자랑하는 데 있다. 그래서 몇명 모였느냐가 최고의 관심사 이다. 이들의 입으로는 하나님, 성령을 부르짖지만 결국 사람들을 모아서 자신이 특별한 존재임을 과시하는 데 있다.

 또 남들 앞에서 자신이 가족을 위해서 얼마나 희생하는 지를 역설하는 자가 있다. 하지만 그가 일하면서 번 돈은 쾌락을 위한 도구에 불과하다.

 절대로 그 돈을 이웃을 위해 사용하지 않는다. 이들은 되로 주고 말로 받는다는 속담이 있듯이 작은 것을 던져 주고는 더 큰 것을 요구하는 자들이다.

또 남들 앞에서는 배우자를 높이는 말을 하지만 실제로는 배우자를 무시하고 짓밟는 자도 있다. 위선자는 양심이 무엇인지조차 모른다. 이들은 입으로는 양심을 거론하지만 그것은 위장술에 불과하다. 이런 자는 결코 천국에 들어갈 수 없고 지옥에 떨어질 수밖에 없다. 위선에 의해 천국의 생명이 바닥이 난다.

양심이 없다는 것은 생명이 없다는 증거이다. 이들은 마치 사납고 시커먼 개가 그 마음 중심에 자리 잡고 앉아서 사납게 위협하는 듯한 모습이다. 다만 이들은 위선 기술을 발휘하여 상대방이 눈치 채지 못할 뿐이다.

만일 이런 자가 죽어 저세상에 도달하여 진리의 빛 앞에 서게 된다면 즉시 자신의 죄악상이 드러나고 말 것이다. 저세상은 숨길 것이 없고 감출 것이 없는 세계이기 때문이다.

저세상에서 자신이 죄짓지 않았음을 증명하고자 평소하던 대로 위선의 손바닥을 내밀 것이다. 자신은 양심대로 살았고 아무 잘못이 없다고 손바닥을 펴서 말할 것이다.

그가 세상에서 했던 것처럼 위선을 가지고 경건의 모양, 거짓 동정심, 거짓된 순진성을 보여주고자 할 것이다. 하지만 그것이 위선이었음이 드러나게 되고 숨기고자 하는 실체가 명명백백하게 드러나게 된다. 진리의 빛 앞에서 발가벗긴 자신의 모습이 적나라하게 드러나는 순간 스스로를 속여왔던 결과가 그대로 까발려질 것이다.

양심과 두려움

"내가 주께 간구하오니 내 형의 손에서, 에서의 손에서 나를 건져 내시옵소서 내가 그를 두려워함은 그가 와서 나와 내 처자들을 칠까 겁이 나기 때문이니이다(창32:11)."

야곱은 형 에서가 사백 명을 거느리고 야곱을 만나려고 달려왔다는 말을 전해 들었다. 야곱은 그 소식을 듣고는 두려움과 혼란에 휩싸였다. 왜냐하면 형의 장자권을 속여서 빼앗았던 지난 과거의 일이 생각났기 때문이다.

야곱의 두려움과 혼란은 변화가 주어질 것에 대한 전조 증상이다. 두려움과 혼란은 상태가 뒤바뀔 때 오는 마음의 현상이다. 변화하기 위한 절차 중의 하나이다. 두려움과 혼란으로 어떻게 변화의 과정이 진행되는 지를 살펴본다.

첫째 시험이다.

야곱에게 에서가 찾아올 때 400명을 이끌고 왔다는 말은 시험이 뒤따라 왔다는 말이다. 숫자 400 은 물리적 숫자 라기 보다는 400 이라는 시험의 상태를 의미한다.

예수께서 사십 주야를 단식하셨고 노아 홍수 당시에 사십 주야 기간에 땅에 비가 쏟아졌다고 했으며 이스라엘 백성은 40년 간 광야 유랑을 했으며 모세는 사십 일 사십 야를 산에 있었다(출24:18). 40의 숫자는 시험의 상태를 표현한다.

둘째 두려움과 혼란이다.

변화의 과정에서 찾아오는 마음 상태는 두려움과 혼란이다.

본래 야곱은 팥죽을 가지고 에서의 축복을 교활하게 가로챘었다. 이는 거듭나기 전 야곱의 상태였다. 그는 다시금 형을 맞닥뜨리게 된다. 야곱은 현재 이 상황이 앞으로 어떻게 진행 될지 모르기 때문에 두려움과 혼란에 휩싸인다. 두려웠던 야곱은 에서를 만나기 전에 이렇게 기도한다.

"바라건대 저를 저의 형의 손으로부터 에서의 손으로부터 구출해 주십시오. 제가 그를 두려워하기 때문입니다."

우리는 실제적으로 마음속에 두려움이 어떻게 오는지 모른다. 하지만 우리를 도와주는 천사는 명확하게 알고 있다.

야곱은 에서를 만나기 전에는 두려웠지만 정작 만난 이후에는 오히려 더 나은 삶이 되었다.

전에 야곱은 하란으로 가던 중 루스 지역에서 돌을 베개 삼아 잠을 잤었다. 꿈에 하나님의 사자들이 오르락내리락하는 광경을 보았고 하나님의 음성을 들었다. 야곱은 아침에 잠이 깨어서 말하기를 "여호와께서 과연 여기 계시거늘 내가 알지 못하였도다. 두렵도다. 이 곳이여 다른 것이 아니라 이는 하나님의 전이요 이는 하늘의 문이로다(창28:17)."

야곱은 두려웠다. 야곱이 두려워했다는 말은 신성에 대한 두려움이다. 거듭나지 않은 상태에서 느끼는 하나님께 대한 두려움과 거듭난 자로서 양심적으로 느끼는 두려움은 확연하게 다르다. 야곱은 이 두려움으로 인해 하나님을 섬기게 되는 계기를 갖는다.

아브라함의 경우도 마찬가지이다. 그는 하나님을 두려워했다. 아브라함이 사랑하는 독자 이삭을 번제물로 드리고자 할 때 하나님의 사자가 그에게 찾아와서 이렇게 말한다.

"네가 네 아들 네 독자라도 내게 아끼지 아니하였으니 내가 이제야 네가 하나님을 경외하는 줄을 아노라(창22:12)."

아브라함은 하나님을 경외하고 있음을 인정받았다. 하나님을 경외함을 하나님이 아셨다는 말은 아브라함의 마음속에 신성에 대한 사랑이 있음을 의미한다. 결국 하나님을 두려워함은 하나님에 대한 경외심을 의미한다. 이를 다른 의미로 말하면 예배이다.

셋째 상태의 변화이다.

에서와 야곱이 극적으로 만나서 서로 끌어안고 기쁨의 상봉을 하였다. 야곱은 에서에게 말하기를 자신은 뒤따라가겠다고 말한다. 전에는 에서보다 먼저 앞장서기 위해 장자권을 탈취하였으나 이제는 에서가 앞장서게 된다. 형과 위치가 바뀌게 되었다. 성경에 처음된 자가 나중되고 나중된 자가 처음 된다는 말씀대로 되었다.

야곱과 에서의 이 장면은 두려움과 혼란이 있은 후에 일어난 변화이다. 야곱은 결국 거듭남으로 인도된다. 거듭나기 전에 두려움과 혼란이 찾아온 것은 거듭나기 위한 준비 과정이었음을 말해준다. 그리고 영적 시험이 왜 필요한지를 말해준다.

우리는 이런 일의 과정에 대해 자세하고 명백하게 알 수는 없다. 다만 우리가 믿는 바는 하나님을 사랑하는 자는 모든 것이 합력하여 선을 이루어진다는 사실이다(롬8:28).

그것은 인간의 이해력 너머에 보이지 않는 하나님의 손길이 있기 때문이다. 인간은 한치 앞을 내다 볼 수 없지만 믿는 것은 하나님의 섭리이다.

넷째, 선한 자와 악한 자의 두려움

선한 자의 두려움과 악한 자의 두려움이 있다. 선한 자의 두려움은 거룩해야 하는데 거룩하지 못한 것에 대한 책임에서 올라오는 두려움이다.

자신의 내적 상태가 부족하다는 것을 느끼기 때문에 갖는 두려움이다.

반면 악한 자의 두려움은 자신이 거룩하지 말아야 하는데 거룩하게 될 것에 대한 두려움이다. 거룩하게 되면 지금의 자유를 빼앗길 것에 대한 염려에서 오는 두려움이다.

선한 자의 두려움은 경외감이 있는 두려움이다. 이는 신성을 갈망하는 사랑에서 비롯된다. 만약 인간에게 거룩에 대한 희망이 없다면 맛을 잃어버린 소금과 같다. 소금이 맛을 잃어버린다면 싱거울 수밖에 없다. 무익하고 무의미하게 된다.

두려움의 경계선은 신성이다. 신성의 두려움은 하나님의 영광을 가리지 않을까 하는 조심스러운 걱정이다. 사랑과 신앙, 예배에서 신성을 더럽히면 어쩌나 하는 걱정과 함께 갖는 두려움이다. 신성적 두려움은 선의 상태에 비례해서 나타난다. 선이 없다면 신성에 대한 두려움도 없다. 오로지 재산이나 명예 상실에 대한 두려움, 형벌과 죽음의 두려움만 있을 뿐이다.

이런 두려움은 외적 두려움이다. 사실 인간들은 이런 두려움 때문에 악행하지 못하기도 한다. 그러나 그것은 잠시이다. 생각과 육체에 약간의 영향을 주는 정도이다. 이에 반해 신성에 대한 두려움은 영혼과 양심에 매우 큰 영향을 미친다.

주의 현존에 대한 두려움

성경에는 주의 현존에 대해 이렇게 외쳐대는 자가 있다.

"그들은 산들과 바위들에게 말할 것이다. 우리 위에 떨어져라. 그리고 우리를 보좌 위에 앉아계신 그분의 얼굴로부터 감추어다오(계6:16)."

　이런 울부짖음은 주의 현존을 견딜 수없어서 외쳐대는 목소리이다. 그들은 천사가 자신을 쳐다보는 것조차 견뎌내기 힘들다. 그들은 산과 바위에게 주의 현존을 가려달라고 외친다. 그리고 그들은 그 아래 숨어 있다.

　그들이 요구하는 산과 바위는 지옥에 있는 것들이다. 지옥의 요소를 가지고 천국을 가리고자 시도한다.　지옥이 천국과 아주 멀리 떨어져 있음은 천국의 빛을 견뎌내지 못하기 때문이다. 천국에 계신 주의 현존을 견뎌낼 수 없기 때문이다.

　주의 현존을 견딜 수 없는 이유는 지극히 선하신 분, 진리의 근본 되시는 분을 대면하기 어렵다.

　마찬가지로 선과 진리가 있는 자를 악과 거짓을 가진 자들이 싫어하는 이유는 그들을 견뎌내기 어렵기 때문이다. 그래서 독재적 권력을 가지고 크리스챤을 탄압하고자 하지만 실상 그들의 영혼은 믿는 자를 대하기 어려워 한다.

　이를 두고 세상이 감당치 못하는 믿음이라고 말한다.

언약의 무지개

"하나님이 이르시되 내가 나와 너희와 및 너희와 함께 하는 모든 생물 사이에 대대로 영원히 세우는 언약의 증거는 이것이니라. 내가 내 무지개를 구름 속에 두었나니 이것이 나와 세상 사이의 언약의 증거니라(창9:12–13)."

무지개의 의미

무지개는 구름의 상태에 따라 여러 형체로 나타난다. 먹구름에는 무지개가 나타나지 않고 비온 후에 맑고 화창한 옅은 구름 사이에 무지개가 나타난다. 무지개는 빛이 물방울에 반사되어 7가지 색깔로 나타난다. 자연 현상의 이치이다.

보기에는 자연 현상에 불과하지만 주께서는 생명에 관한 언약을 하셨다. 그 약속은 만약 인간이 거듭나서 진리의 삶을 살아간다면 생명을 얻게 하시겠다는 약속이다. 이는 무지개의 영적 의미이다.

주께서 무지개를 보시고 언약하신다고 했는데, 이는 인간의 거듭남의 상태에 따라 함께 하신다는 약속이다.

다시 말해서 무지개는 거듭남이고 언약의 증거이다.

요한계시록에는 천사의 머리 주위에 무지개가 있는데, 그 의미는 지혜의 말씀을 뜻한다(계10:1). 또 보좌 주위에 무지개가 있다고 했는데 거룩한 사랑과 지혜를 의미한다(계4:3).

무지개 색깔의 의미

검정색과 흰색은 빛의 밝기에 따라 표출되는 색이다. 태양 빛에 의해 색깔이 나타난다. 마찬가지로 의의 태양되신 주께서 빛을 비춰주시면 그것을 받아들이는 인간의 상태에 따라 다양한 색이 주어진다는 의미이다. 빛을 받아들이는 상태에 따라 나타나는 결과는 다르다. 진리의 빛을 받아들이는 마음 상태는 순수, 선, 진리, 사랑, 양심 등이 있다.

색깔에는 의미가 있다. 붉은 색은 좋은 뜻으로 사랑을 뜻하고 흰색은 순수, 푸른색은 믿음, 검정색은 겸손을 의미한다.

그러나 반대로 나쁜 의미로 보면 검정색은 악을 의미한다.

구름의 의미

구름은 하늘에 떠다니는 작은 물 알갱이다. 구름은 솜털 같이 옅은 덩어리로부터 시커먼 먹구름에 이르기까지 다양하다. 구름은 태양의 햇볕을 부드럽게 만드는 필터와 같다.

영적 의미로 구름은 문자적 진리를 의미한다. 그 이유는 햇볕이 구름을 통과해서 자연세계에 비추는 것처럼 주의 사랑과 지혜가 문자를 통해서 드러나기 때문이다.

햇빛이 구름을 통과하듯이 주의 지혜가 문자에서 드러난다.

고로 어떤 사람이 성경을 읽되 문자적 의미만 이해한다면 그는 구름만 보고 빛을 보지 못하는 것과 같다. 문자 속에는 의미가 들어있다. 이는 구름 속에 무지개가 있는 것과 같다.

진리는 문자의 겉옷을 입고 있다. 문자만 안다는 것은 겉옷만 보는 것과 같다. 문자 속에 있는 의미를 모르면 무지개는 보지 못하고 구름만을 보는 것과 같은 이치이다.

인간들이 문자 속에 들어있는 의미가 중요함에도 불구하고 그 의미를 깨닫지 못하는 이유는 영적 눈이 열리지 않았기 때문이다. 영적으로 무지하기 때문이다.

영적 눈이 열리기 위해서는 진리를 알고자 하는 순수한 의도와 양심이 필요하다. 순수 의도와 양심으로 영적 의미를 알고자 노력한다면 엠마오 제자들의 눈이 뜨였듯이 주께서 보여 주신다. 주께서 천사를 동원해서 양심 속에 말씀하시기 때문이다. 비록 진리에 대해 무지하더라도 순수한 양심이 있다면 그는 구름 속에 감추어진 무지개와 같은 상태라고 말할 수 있다.

고로 인간은 자신의 무지를 핑계할 수가 없다. 몰랐다는 말은 하나의 변명에 지나지 않는다. 순수 의도와 양심이 있느냐가 중요하다.

구름의 종류는 다양하다. 시커먼 먹구름, 엷은 구름이 있다. 먹구름은 밀도가 높아서 광선이 통과하기 어려워서 빛을 굴절한다. 그러나 엷은 구름은 빛을 통과시키기 때문에 빛의 반사로 무지개 색깔이 드러난다.

또 구름의 두께는 개인의 상태를 말한다. 구름이 두꺼운 것은 그만큼 영적으로 무겁고 어두운 상태이다. 이는 각 개인의 상태에 따라 다르다.

어떤 이는 자신의 마음 상태가 시커먼 먹구름 같다고 근심하기도 한다. 그런데 오히려 솜털 구름처럼 엷고 가볍다. 구름의 차이는 거듭남의 차이이다.

거듭나지 못한 마음은 지옥으로부터 거짓이 흘러들어와 먹구름을 만든다. 두껍고 시커먼 먹구름이 걷혀야만 지적인 깨달음이 있다. 마음속에 어둠이 사라지고 진리의 빛이 비춰지기 위해서는 양심이 필요하다. 양심에 흘러들어오는 빛으로 인해 영적인 존재가 되기 때문이다.

어떤 이는 말하기를 자신은 마음이 깨끗하다고 말한다.

엷은 구름이라고 스스로 평가하지만 실제로는 아주 크고 무거운 구름 덩어리를 안고 있다. 마음의 상태가 엷은 구름일수록 영혼이 순수하여 영롱한 빛을 드러낸다. 이는 선한 양심의 상태이다. 우리가 순수한 마음을 가진다면 영적 무지개가 영롱하게 드러난다. 아름다운 무지개처럼 영적 인간의 아름다움도 삶에 따라 정도가 나타난다.

주께서 변화 산에서 변모하셨다. 그 때 베드로는 저희가 여기서 지내면 좋겠습니다! 하고 말을 했는데, 베드로의 말이 채 끝나기도 전에 빛나는 구름이 그들을 덮었다(마17:4).

제자들을 덮은 구름은 빛나는 구름이었다. 구름은 마음 상태에 따라 어둡기도 하고 밝아지기도 한다. 마음속에 영적인 진리가 있다면 빛나는 구름이다.

주께서 모세에게 빽빽한 구름 안에서 너에게 갈 것이라고 했고(출19:9), 무거운 구름이 산 위에 있었다(출19:16)고 했다. 시내 산에 있는 모세에게 빽빽하고 어두운 구름은 마음속에 거짓이 있는 상태를 의미한다.

언약의 표시

"그리고 장차 내가 땅 위에 구름을 가져 올 때 무지개가 구름에서 보여질 때 나는 내가 너와 모든 육의 생명 있는 혼 각각 모두 사이에 세운 내 언약을 기억하리라(창9:16)."

장차 땅 위에 구름을 가져온다는 말의 의미는 인간의 마음에 구름이 가득하다는 뜻이다. 여기서 "내가 땅 위에 구름을 가져올 때"라는 뜻은 진리가 없어서 마음이 어두워진 상태라는 의미이다.

여기서 땅은 인간의 마음을 의미한다. 구름이 몰려옴으로 인간의 마음은 더욱 어두워지게 되었다. 마음속에 지성이 희미해지고 어두워졌다는 의미이다. 구름이 빛을 가리는 격이다.

하지만 마음에 덮여 있는 **빽빽**한 구름이 걷히면 구름이 옅어지게 된다. 무지를 깨우치면서 변화가 이루어진다.

그러면 진리로 인해 거듭남이 시작된다.

무지개가 구름사이에서 보였다는 말은 거듭남의 상태를 의미한다. 거짓과 진리는 함께 있을 수 없다. 빛과 어둠이 함께 할 수 없는 이치이다. 거짓이 제거되면 거듭남이 이루어진다.

"나는 내가 너와 모든 육의 생명 있는 혼 각각 모두 사이에 세운 내 언약을 기억하리라" 구절에서 내 언약을 기억한다는 말은 먹구름이 제거되어 무지개가 있다는 말이다. 즉, 거듭남으로 말미암아 거짓이 제거된다는 뜻이다.

거듭남은 아는 정도만 가지고는 부족하다. 진리를 지식적으로 알고 있지만 마음은 이미 지옥에 가 있는 자들이 있다. 진리도 알고 천국도 알지만 그의 의지는 지옥에 머문 상태이다.

진리를 단지 머리로만 아는 것은 의미 없다. 성직자라는 뱃지를 달고 있다고 구원 얻는 것도 아니다. 자신은 구원 받았다는 확신으로 구원 얻는 것도 아니다. 어느 종파에 소속되었다고 구원의 반열에 드는 것은 더욱 아니다.

의지적으로 실천해야만 거듭나는 것이다. 이것이 무지개이며 확실한 언약의 표시이다.

교회와 양심

교회의 외적인 면과 내적인 면

 본질적 의미에서 교회는 각 개인의 마음속에 있는 성전이다. 바울도 이 부분에 대해서 "너희는 너희가 하나님의 성전인 것과 하나님의 성령이 너희 안에 계시는 것을 알지 못하느냐(고전 3:16).", "우리는 살아 계신 하나님의 성전이라(고후6:16)." 라고 말하고 있다.

첫째, 교회는 형식과 내용이 있다.

 형식 없는 내용은 방향을 잃어버리기 쉽고 또 내용 없이 형식만 있으면 단지 껍데기에 불과하다. 형식은 내용을 드러내기 위해 존재한다. 고대 교회는 제사, 기독 교회는 예배로 하나님을 경배했다. 형식만으로 보면 고대 교회와 기독 교회는 상이하다. 그러나 형식은 다르지만 내용으로 보면 다르지 않다.

 하나님은 한 분이시고 그 분이 원하시는 본질은 같다. 바울은

191

그 내용에 대해 이렇게 말한다.

"너희 몸을 하나님이 기뻐하시는 산 제물로 드리라"이 말씀의 의미는 선행의 삶이다. 선행의 삶에는 양심이 중심에 있다. 아무리 화려한 형식을 갖추더라도 선행이 없다면 그 예배는 무의미하다. 선행 없는 예배는 양심 없는 예배에 불과하다.

선행이 없음에도 불구하고 양심적이라고 말한다면 그것은 위선이다. 언제 어떤 상황에서 악으로 돌변할지 알 수 없기 때문이다. 위선자는 이익에 따라 움직인다.

둘째, 교회의 원리이다.

교회의 원리는 속사람과 겉사람의 관계로 드러난다. 하늘 나라의 원리는 속사람에게 주어지고 또 겉사람에게 전달된다. 교회 본질은 그 원리에 있다.

속사람은 선과 진리, 양심을 겉사람에게 전달한다. 겉사람은 속사람으로부터 그 내용을 전달받아 인간과 환경과 사물을 접촉한다. 이것이 삶의 예배이다. 그러므로 진정한 예배를 알고자 한다면 속사람에 무엇이 있는 지를 보아야 한다.

고로 외적 예배는 속사람의 내용물이 드러나기 위해서 필요하다. 속사람이 드러남은 선과 진리가 드러남이다. 다시 말해서 신앙 생활 한다는 의미는 속사람이 양심과 함께 선과 진리를 삶에서 드러내는 것이다. 이것이 교회의 원리이다.

양심 없는 구원

양심 없이 살아도 구원받을 수 있는가? 이 말은 복수, 사기, 폭력, 강도, 간음을 해도 구원 받을 수 있느냐 하고 묻는 것과 같다. 다시 말하면 양심 안에 있는 진리와 선이 없이도 구원에 이를 수 있는가? 하는 말이다.

양심 없다는 말은 본능적 욕심으로 산다는 말이다. 어떤 이는 자신은 구원의 확신도 있고 믿음이 있으니 구원 받을 수 있다고 주장한다.

하지만 이들의 확신은 고집에 불과하다. 머릿속에 있는 지식이고 교리 신봉에 불과하다. 떠돌아다니는 광고판과 같다.

이들은 말하기를 하나님께서 자신을 특별한 존재로 세워서 다른 사람들을 가르치는 권위를 부여하셨다고 주장한다. 또 이들은 떼를 지어 한담하거나 오로지 타인을 깎아 내리는데 모든 시간을 허비한다. 이들의 행동에는 전혀 선한 양심이 보이지 않는다.

이들에게 이웃 사랑이 중요하다고 말하면 오히려 이렇게 반발한다. "이웃 사랑하려면 힘을 키워서 하나로 뭉쳐야 해! 나에게 협조하는 것이 이웃 사랑이야"라고 말한다. 이들의 머릿속에는 자신밖에 없다. 중요한 것은 이들의 마음속에 양심이 세워지는 진리가 있는가 하는 문제이다.

단지 남에게 피해를 입히지 않았다고 해서 양심적으로 살았다고 말할 수도 없다. 양심에는 자발성이 필요하다. 자원해서 선을 행할 때 진정한 양심이다.

 만약 체면을 위한 수단으로 선행을 한다면 양심에서 우러나온 것이 아니다. 양심과 구원은 뗄 수가 없다. 양심 안에 구원을 위한 필수 요건이 들어 있기 때문이다.

두 종류의 신앙

내적 신앙과 외적 신앙이 있다.

첫째로 내적 신앙을 가진 자는 겸손하다.

 이들은 자신을 내세우지 않고 겸손하게 그분 앞에 엎드린다. 만일 자신에게 선한 면이 있다면 그것은 주께서 주신 것으로 시인한다. 하지만 외적 신앙을 가진 자는 말로는 주의 은혜라고 말하지만 내용을 살펴보면 결국 자기를 높인다.

둘째 내적 신앙을 가진 자는 삶이 예배라고 믿는다.

 내적 신앙인은 삶이 예배이므로 생활 속에 선행을 한다. 성경에 "너희 몸을 하나님이 기뻐하시는 산 제물로 여기라"라는 말씀을 언제나 기억한다.

 이들은 선행을 통한 예배가 중요하다. 종교 의식은 부수적일 뿐이다. 그러나 외적 신앙인은 겉으로 드리는 예배가 매우 중요하다. 이들은 형식과 제도를 중요하게 생각한다. 예배 시간, 장소, 순서와 같은 형식을 중요시하고 그것을 지키고자 애를 쓴다. 이들은 교회를 교인 숫자와 헌금 액수 또는 건물의 크기에 있다고 여긴다. 중요한 것은 이들은 내적 예배가 무엇인지 모른다는 사실이다.

셋째 내적 신앙인은 의미를 두는 일에 관심을 가진다.

내적 신앙인은 성경을 읽되 문자적인 데 그치지 않고 그 의미를 찾는다. 그러나 외적 신앙인은 의미보다는 문자에만 관심을 갖는다.

말씀의 의미를 모르기 때문에 종교 의식에 미치지 못하면 가책을 느낀다. 이들은 가짜 양심을 소유하고 있다.

넷째 내적 신앙인은 순진무구한 마음을 가진다.

순수한 마음은 선과 양심을 추구한다. 아무리 지식이 많아도 선하지 않다면 쓸모없는 지식에 불과하다. 비록 적은 지식이라도 선하다면 진정한 지식이다.

교회 제도, 종교 의식, 성경에 대한 해박한 지식을 갖고 있을지라도 선이 없다면 무용지물이다.

형식에 젖은 종교인

형식적인 종교인을 말하자면 한도 끝도 없을 지경이다. 그만큼 이들의 문제가 드러난다. 우선 이들은 교리의 잣대를 가지고 자기 교리와 다르면 아무 생각없이 이단으로 규정한다. 이들은 진리에는 관심이 없다.

또 영혼이 생명을 얻는 일에도 관심이 없다. 어떻게 사는 것이 생명 얻는 삶인 지에도 관심이 없다. 그저 종교적인 형식을 지켰느냐를 감시하면서 타인에 대해 미움과 증오를 가지고 편을 가르고 싸우는 데에만 관심을 둔다. 타인의 명예를 강탈하고 거룩을 훼손하면서도 일체 양심의 가책을 느끼지 못한다.

자기들의 교리에 맹종하면 의무를 다했다고 여길 뿐이다.

오히려 선한 양심을 가지고 살고자 하는 자를 짓밟고 무시한다. 이들의 특징 중의 하나는 축복에 중독되어 있다는 것이다. 오로지 세상적으로 잘되는 것 뿐이다. 그래서 하나님이 도와주었다고 말을 하지만 그것은 자기를 높이는 수단일 뿐이다.

축복을 강조하면서 고난을 서서히 부정한다. 이들이 말하는 축복이라는 말은 현세적이고 세상에서 잘되는 것을 말한다. 종교는 축복을 위한 수단으로 전락시켜 버린다. 서서히 기독교의 진리를 오염시킨다.

형식에 젖은 종교인은 양심에 근거한 신앙을 가진 자를 이방인 취급한다. 종교 행사에 광분하는 자들은 내적으로 주를 섬기는 자를 볼 때 초라해 보이고 무능력하게 보이기 때문이다. 자기의 눈으로 볼 때 그들은 이방인에 불과하다.

성경에 "여호와께서 아브람에게 이르시되 너는 반드시 알라 네 자손이 이방에서 객이 되어(창15:13)."

아브라함의 자손들은 이방에서 나그네 취급을 받는다. 아브라함도 나그네 취급을 받았다. 선한 양심을 가진 자를 나그네로 취급한다는 말이다. 그들이 볼 때 신앙 양심을 가진 자는 자신들과는 다른 종족이라고 여긴다.

교리와 양심

양심과 교리

성경에서 가장 높은 교리는 하나님을 사랑하고 이웃을 사랑하라 이다. 만약 이 교리를 최상급으로 여긴다면 기타 다른 교리로 인한 분쟁은 없었을 것이다. 양심은 하나님 사랑과 이웃 사랑을 하도록 이끈다.

신앙은 교리를 무시할 수는 없지만 양심에 우선을 두어야 한다. 교리가 신앙 양심에 일치하면 하나님의 음성으로 여기고 따라가야 한다. 교리보다 양심이 우선이다. 신앙 양심에 의해 산다면 마음의 성전이 세워지고 사랑이 가득할 것이다.

그러나 신앙인이 양심을 멀리하고 추론에 머무르면 저급한 상태로 떨어지고 만다. 추론이 그 마음을 지배해 버린다. 그의 생각과 행동은 추론이 중심이 되어 진리는 더 이상 성장하지 못한다.

그러나 진리를 터득하면 영혼이 거듭난다. 그리고 진리에 대한 애착을 갖는다. 진리 애착은 영혼을 더욱 선하게 만든다. 이 상태가 되면 이전의 상태로 되돌아가지 않는다.

진정 진리를 원하는 자는 추론이 아니라 양심에 의해 생각하고 행동한다. 그가 추론을 가지고 생각하거나 행동하면 곧 시험에 빠진다.

성경은 이 부분에 대해서 "지붕 위에 있는 자는 집 안에 있는 물건을 가지러 내려가지 말며(마24:17)."고 경고하고 있다.

여기서 "지붕 위"는 보다 높은 진리적 상태이고 집에 내려간다는 것은 낮은 추론의 상태이다. 이 말은 천국에서 지옥으로 내려가는 것을 말한다.

양심에 의해 선에 머무른 자는 최상의 상태이므로 추론으로 떨어지지 말라는 의미이다.

교회 역사를 보면 이것을 알 수 있다. 본래 초대 교회는 신앙 양심을 가졌던 교회였다. 양심에 의한 높은 수준의 교회였다.

그들은 같은 신앙인을 형제라고 부르며 뜨거운 열의를 가지고 사랑했다. 이렇게 사랑이 있었던 교회가 시간이 흐르면서 조직이 생기고 교권이 확대되면서 사랑과 선행이 사라졌다.

물론 신앙 양심도 점점 쇠퇴하기 시작했다. 그러면서 교회는 분열되었다.

교회에서 형제간에 싸우기 시작했다. 악이 그 자리를 차지했다. 진리가 아닌 거짓이 주인 노릇을 했다. 그러면서 자기와 함께 하지 않는 이들을 향해 이교, 이단이라고 말했다.

이단이 생기게 된 근본 이유는 선이 사라지면서 부터이다. 만일 교회가 선행을 주도했더라면 선이 중심 자리를 차지했을 것이고 악이 들어오지 못했을 것이다.

악이 들어오면서 거짓이 생기기 시작했고 비례해서 이단이 우후죽순처럼 생긴 것이다.

나중에는 자신과 다르다는 이유 한가지만으로 이단이라는 굴레를 씌워 버렸다. 이런 일들은 오늘 현대 교회에서도 비일비재하다. 신앙 양심을 따르고 하나님, 생명 같은 중요한 대목을 부정하지 않는다면 사랑으로 감싸 안아도 될 일인데 말이다.

십계명과 양심

하나님께서는 두 돌판 위에 십계명을 직접 쓰셨다. 십계명은 지상에 살아가는 모든 인간들에게 주신 대강령이다. 십계명은 하나님과 인간의 만남이다. 십계명의 내용을 보면 하나는 하나님을 위해서 다른 하나는 사람을 위해 기록되었다.

"예수께서 그에게 말씀하셨다. 네 마음을 다하고, 네 목숨을 다 하고, 네 뜻을 다하여, 주 너의 하나님을 사랑 하여라' 하였으니, 이것이 가장 중요하고 으뜸가는 계명이다. 둘째 계명도 이것과 같은데, 네 이웃을 네 몸과 같이 사랑 하여라 한 것이다. 이 두 계명에 온 율법과 예언서의 본뜻이 있다(마22:37-40)."

십계명에는 하나님 사랑과 이웃 사랑의 구절은 없다. 전반적인 내용은 선을 행하고 악을 피하라는 내용이다.

하나님 사랑과 이웃 사랑의 제일 원리는 악을 피하고 선을 행하는 것이다.

인간의 힘만으로는 악에서 벗어날 수 없다. 또 자기 힘만으로도 선을 행할 수 없다. 그러나 악을 미워하면 선을 행할 수 있다. 인간은 악을 대항해서 싸워야 한다. 악이 제거되어야 선이 지각되기 때문이다.

십계명의 근본 의도를 보면 다음과 같다.

(1) 다른 신에게 예배하는 것을 멀리하는 만큼 하나님을 참되게 예배한다.

(2) 하나님의 이름을 망령되게 부르기를 피하는 만큼 하나님께로부터 오는 것을 사랑한다.

(3) 살인과 증오와 복수를 피하는 만큼 이웃 잘되기를 원한다.

(4) 간음을 피하는 만큼 정절을 지키기 원한다.

(5) 도둑질을 피하는 만큼 진지한 삶을 원한다.

(6) 거짓증거를 거절하는 만큼 진리를 원한다.

(7) 이웃의 소유를 탐내는 것을 피하는 만큼 이웃의 번영을 원한다.

양심 있는 자가 십계명을 지켜나가는 이유를 살펴보자.

첫째, 하나님을 예배한다. 하나님을 예배하는 자는 마음에 선이 차지한다.

둘째, 안식일을 지킨다. 안식일은 하나님을 찬양하고 예배하는 날이다. 고로 선한 자는 안식일을 거룩하게 지킨다.

셋째, 살인하지 말라는 교훈은 선행하라는 의미이다. 이웃을 사랑하는 자가 살인 한다는 것은 상상조차 할 수 없는 일이다. 이웃이 자기로 인해 상처받기만 해도 소스라치게 놀란다.

넷째, 도둑질은 악이기 때문에 피한다. 선한 자는 이웃의 것을 훔치기는커녕 오히려 자신의 것을 주고자 한다.

다섯째, 간음은 양심에 위배되는 범죄이다. 간음은 부부에 대한 의무를 파괴한다. 선한 자는 이웃의 아내가 피해를 당하지 않도록 지켜 준다.

여섯째, 탐내는 것은 선을 파괴한다. 선행은 자신의 소유물로 타인을 유익하게 하는 것이다. 이런 자는 탐내지 않는다.

십계명은 양심에 의해 살아가는 자에게는 행위 기준이 된다. 선한 자는 이 가르침을 양심 안에 새겨 놓는다. 십계명에 저촉되면 양심의 가책을 느끼고 고통스러워한다.

추론과 양심

추론은 인간의 상상력으로 만들어낸 관념이다. 추론이 진리가 되지 못하는 이유는 악에 대한 애착 때문이다.

악의 추론을 가진 자의 특징은 양심이 파괴되고 진리를 멀리하고 욕심에 의한 생각으로 가득하다. 양심이 파괴되면 인간의 내면은 황폐하게 된다. 그럼에도 당사자는 자신이 악의 추론에 사로잡힌 줄을 모른다.

자유와 양심

죄의 노예

자유에 대한 오해중의 하나는 자신이 무엇이든 생각하고 마음 먹은 대로 행동하는 것을 자유라고 말하는 것이다. 그것이 선이든 악이든 관계없이 말이다. 그래서 이런 생각을 가진 자들은 이렇게 항변한다. "내가 내 마음대로 하는데 당신이 무슨 상관이야! 이는 내 권리야!" 이렇게 말하는 자들은 육체적으로 묶이지 않으면 자유로운 상태라고 생각한다. 그러나 주께서는 자유에 대해 이렇게 말씀하셨다.

"너희는 진리를 알게 될 것이며 진리가 너희를 자유롭게 하리라(요8:32)."

이 말씀은 진리를 추구하는 자들에게는 큰 위로와 격려가 되는 약속의 메시지이다. 그런데 이 말씀을 듣는 자들은 의문을 가질 수밖에 없다. "그러면 내가 과연 노예라는 말인가? 내가 무엇에 묶여 있지? 나는 종인가?"

사실 이 말씀을 직접 들은 유대인들도 이런 식으로 생각했다. 그래서 주께 따져 물었다. "우리는 아브라함의 후손이고 종살이를 한 적이 없는데 선생님은 우리더러 자유를 얻게 될 것이라고 말씀하시니 무슨 말씀이십니까?"

이 질문에 대해 주께서는 이렇게 대답하셨다. "죄를 짓는 사람은 누구나 다 죄의 노예이다."

주의 대답은 대단히 광범위하고 간결하며 명쾌하다. 그 말은 인간은 죄인이 아니면 자유인이라는 말이다. 사실 죄의 종이라는 말은 천국의 개념과는 정반대이다.

죄를 가지고는 천국에 들어갈 수 없기 때문이다. 왜 주께서는 죄를 짓는 자는 누구든지 죄의 노예라는 말씀을 하셨을까?

그것은 진정으로 인간을 얽어매는 것은 죄라는 의미이다. 죄는 노예의 원조라는 뜻이다. 노예는 죄로부터 시작되고 죄에 묶인 상태라는 의미이다. 그가 대통령이든 사장이든 성직자이든 관계없이 공통되는 원리가 있는데 그것은 "죄를 짓는 자는 죄의 노예"이다. 육체적 노예가 아니라 본질적 노예를 말씀하신 것이다. 이것이 주께서 말씀하시는 불변의 원리이다.

노예인 이유

어떻게 죄는 수많은 노예를 거느리게 되었는지? 왜 죄짓는 상태를 노예라고 말하는지에 대해 생각해 보자.

첫째 죄의 뿌리는 자아 사랑에서 시작된다.

자아 사랑은 자신만 잘되기를 바라고 타인이 잘되기를 원치 않기 때문이다. 자아 사랑하는 자는 교회, 나라, 사회 그 어떤 것도 사랑하지 않고 오로지 자기 이익만 챙긴다.

이들은 절대 이웃을 배려하지 않는다. 이웃을 경멸하고 이웃이 자기를 존경하지 않으면 적으로 간주해서 파멸로 치닫게 한다. 자아 사랑하는 자는 결국 잔인함에서 즐거움을 찾는다.

고로 자아 사랑은 영혼과 육체를 얽어매는 주범이다. 이들이 착각하는 것은 자기를 사랑하면 그것이 자유라고 여기고 또 자기를 사랑하지 않으면 비자유라고 생각한다.

둘째 양심을 잃어버렸기 때문이다.

양심을 잃어버렸다는 말은 양심 안에 있는 선과 진리가 빠져버렸음을 말한다. 사람됨의 구성 요건이 빠진 것이다. 죄짓는 요건은 양심 결여에서 시작된다.

양심 결여는 죄를 짓게 되는 출발점이고 죄에 묶이는 결과를 가져온다. 인간이 죄를 지을 때 양심은 사이렌 소리를 내서 죄를 방지하고자 한다. 하지만 이 소리를 무시하면 나중에는 이 소리마저도 들리지 않는다. 더이상 양심의 소리가 들리지 않는다는 것은 죄의 환경에 놓여서 죄 짓는 길로 간 상태이다.

이를 양심에 화인 맞았다고 표현한다.

양심은 거짓 사상, 행동과는 공존할 수 없다. 양심 없음은 결국 지옥으로 가는 지름길이다. 양심은 진리를 밝히는 등불이다. 진리와 죄는 공존할 수 없다.

셋째로 지옥의 상태이기 때문이다.

죄짓는 자를 노예라고 말하는 이유는 욕심의 근거로 행동하기 때문이다. 탐욕에서 행동하는 것은 악행을 가져온다. 욕심은 죄를 가져온다. 욕심의 배경에는 악령의 유혹이 있다.

인간은 욕심을 충족하고자 극렬한 행동을 한다. 폭력과 전쟁에 광분하기도 한다. 이런 상태는 이미 악이 지배한 상태이다.

욕심이 지배하면 공정과 공평을 잃어버리고 이성적 분별력을 상실한다.

이들은 거짓 주장을 하면서 온갖 궤변을 늘어놓는다. 이는 이미 그들 자신이 지옥에 묶여있다는 것을 증거 한다.

악령들은 욕심이 가득한 자에게 이렇게 속삭인다.

"자기만을 사랑해라. 세상을 사랑해라. 타인에게 명령하고 핍박해라. 타인을 괴롭히는 자유는 즐거운 일이다. 자기를 위해할 수 있다면 모든 전부를 파괴해라. 남의 것은 무엇이든 탈취해라. 그것은 너의 자유이다."

탐욕적인 자는 자아 사랑에서 즐거움을 누린다. 만약 이들에게서 이런 즐거움을 제거하면 멍청한 자가 된다. 이런 악한 상태가 죄의 종이다.

자신은 지옥에 머물러 있는데 입으로 자유라고 말하는 것은 거짓 외침에 불과하다. 이들이 자유라고 말하는 이유는 탐욕과 불순한 의도와 더러운 쾌락에 탐닉되어 있기 때문이다. 이런 자는 악한 영들과 동질적으로 행동한다.

악령들은 이들이 탐욕에 의해 살아가는 것을 자유라고 부추기면서 지옥으로 끌고 간다. 이는 진리가 있는 천국과는 질적으로 다르다. 한마디로 지옥 상태이다. 죽음이 있는 더러운 웅덩이와 같다.

참 자유

그러면 어떻게 진리가 자유하게 만든다는 말인가?

진리가 자유케 한다는 의미는 마음의 변화를 이루어 새 자아가 형성된다는 뜻이다. 즉, 죄로 형성된 옛 자아가 천국의 새 자아로 개혁됨을 말한다. 죄의 노예로 살던 사람이 자유로운 삶으로 달라짐을 의미한다.

참 자유는 새 자아를 부여받은 상태이다. 인간의 내면에는 새 자아를 만드는 기능이 있다. 그 기능을 속사람이 한다.

속사람은 겉사람에게 선과 진리, 양심을 전달한다.

그래서 인간에게 새 자아가 형성된다. 새 자아는 양심, 진리, 선을 사랑하는 자아이다. 참 자유는 본성적 자아가 무너지고 새 자아가 마음에 형성된 상태이다. 그것이 참 자유이다.

3
양심 파괴의 위험성

어느 탈북자 이야기

 어느 탈북자의 이야기이다. 그는 북한에서 어려서부터 당과 수령에게 충성하라는 교육을 받고 자랐다. 그는 머릿속에는 당에 충성해야 한다는 뿌리 깊은 신념을 갖고 있었다. 그런 그가 가난과 굶주림에 못 견뎌 북한을 탈출하게 되었다.

 그러자 마음속에 "네가 당과 수령을 배반하고 탈출하느냐?"는 생각이 그를 괴롭혔다. 그는 탈출하면서 양심의 가책을 받게 되었다.

 이런 고통에 사로잡혔을 때 그는 스스로 변명하기를 "나는 당과 수령을 배신하는 것은 아니야! 내가 살아야 당과 수령에게 더 충성할 수 있는 것 아니야? 나는 지금 배가 고파서 할 수 없이 탈출하는 거야, 후에 내가 잘되어서 당과 수령에게 더 크게 충성 할거야!" 하면서 스스로 마음을 다독거렸다.

 그는 탈북 당시에는 양심의 가책을 받아서 당과 수령님께 매우 죄송하였다고 술회하였다.

초기에 그는 그 가책이 잘못된 교육에서 비롯된 신념에서 올라온 것인지 몰랐다. 시간이 흘러가면서 그는 자유를 얻게 되었고 자신이 어려서부터 당과 수령에 대해 충성해야 한다는 세뇌교육을 받고 자랐음을 알게 되었다. 그것이 진정한 의미에서 참 양심이 아니었음을 알게 되었다.

자유를 누리게 되면서 자신이 잘못된 체제에서 살아왔음을 깨닫게 되었다. 이제는 반대로 마음속에 당과 수령에 대해 분노가 치밀어 올라왔다. 그리고 자신처럼 어리석게 속고 살고있는 북한 주민들이 불쌍한 마음이 들었다. 그들을 구출해야 하겠다는 각오를 다졌다.

그는 어려서 받은 교육에 의해 신념이 형성되었고 그 신념에 위배되었을 때 양심의 찔림을 받게 되었다. 이는 가짜 양심이다. 가짜 양심은 진리가 아닌 양심이기 때문이다.

그렇다면 선한 양심은 어떻게 형성되는가?

양심은 올바름에 의해서 형성된다. 다시 말해서 올바름을 이해하고 실천에 옮길 때 양심이 형성된다.

그 올바름은 단지 머리로만 갖는 것이 아니라 의지적으로 실천함을 의미한다. 이는 양심의 가책이 기억력에 의존되는 것이 아니라는 뜻이다. 자신이 알고 있는 바를 확신하고 행동에 옮길 때 양심이 형성하고 그에 위배될 때 양심의 가책이 주어진다.

양심이 무너져 내림

선행이 없음

야고보는 "내 형제들아 만일 사람이 믿음이 있노라 하고 행함이 없으면 무슨 유익이 있으리요. 그 믿음이 능히 자기를 구원하겠느냐...이와 같이 행함이 없는 믿음은 그 자체가 죽은 것이라 (약2:14,17)."

베드로는 "선을 행함으로 고난을 받고 참으면 이는 하나님 앞에 아름다우니라(벧전 2:20)."

요한은 "자녀들아 우리가 말과 혀로만 사랑하지 말고 행함과 진실함으로 하자(요일 3:18)."

양심은 선행이 함께 하지만 비양심은 선행과는 관계가 없다. 남을 가르치면서 선행하지 않는다면 양심은 없다. 또 신앙과 선행을 별개라고 말하는 것도 양심이 없다.

어떤 이는 구원의 교리를 말하면서 믿음과 행함을 분리시킨다. 이런 자들도 양심이 있을 수가 없다. 그들은 입으로 믿음을 시인하면 구원 받을 수 있다고 주장한다. 또 그렇게 가르치기도 한다.

이들은 믿음을 양심과 별개로 취급하기 때문에 믿는다고 하면서 속마음은 뻔뻔하다. 이들의 마음은 양심 없이 부패된 상태이다. 겉보기에 신앙이 있는 것같이 보이지만 알갱이 없는 껍데기에 불과하다. 죽은 믿음이다.

선행이 빠진 종교는 사이비 이거나 미신이라고 밖에 말할 수없다. 또한 선행이 빠진 교리는 비양심 교리이다.

누가 비양심이라도 구원된다는 논리를 말한다고 생각해보자. 교회 밖에서 이런 말을 듣는다면 가짜 종교라고 말할 것이다. 이렇게 말하는 이들도 있다. 세상에서 아무리 온갖 죄를 범하면서 살더라도 죽기 직전에 믿음을 고백하면 구원 얻을 수 있다는 것이다. 주의 사랑이 너무나 크기 때문이라고 말한다.

그러나 인간이 세상에서 육체를 가지고 있는 동안 생각과 행동으로 드러낸 악은 제아무리 작을지라도 완전하게 없어지지 않는다. 세상에서 악을 행함은 지옥과 계약을 맺은 것이다. 죽음 이후 마음 상태가 양심적인지 비양심적인지 확연하게 펼쳐지고 영혼의 본질이 밝혀진다. 그리고 영원한 고통 가운데 처한다.

자아도취

자아도취에 빠진 자는 자기밖에 모른다.

214

타인은 자기를 위한 수단에 불과하다. 고로 모든 악은 자아도 취에서 나온다. 증오, 복수, 잔인함, 간음, 사기, 비양심, 위선 등은 자아도취에서 온 것이다. 이것이 신성모독이다.

자세하게 말해서 자아도취가 있는 만큼 양심, 선에 대한 애착, 진리는 사라지고 만다.

세속에 몰입

성경은 말하기를 하늘나라에서는 "자기를 높이는 자는 낮아 지고 누구든지 자기를 낮추는 자는 높아지리라(마23:12)"고 하 였고 또 "무릇 자기를 높이는 자는 낮아지고 자기를 낮추는 자 는 높아지리라(눅14:11)."고 하였다. 또한 마음이 가난한 자는 복이 있다고 하였다(마5:3).

세속에만 관심을 두는 자와 재물에 욕심이 있는 자는 절대로 이 말을 이해할 수 없다. 그들은 지극히 작은 자가 큰 자가 되거 나 겸비한 자가 높아지고, 가난한 자가 부자이며 궁핍한 자가 풍부해지는 것을 이해하지 못한다.

왜냐하면 남들보다 강해야 하며 부해야 하고 높아져야 하고 재 물이 많아야 행복하다고 여기기 때문이다. 그래서 육체적인 일 에 몰두하고 거기에만 관심을 둔다.

이들은 천국의 원리를 이해하지 못한다. 왜냐하면 천국의 원리 는 눈에 보이는 데 있지 않기 때문이다.

천국 백성은 천국의 원리를 따르는 자들이다. 이들은 자신은 아무 능력이 없다고 주장한다. 혹시 능력이 있다면 그것은 주께로부터 주어진 것이라고 말한다. 그러기에 자신을 의지하지 않고 주를 의지한다.

자신은 지극히 작은 자에 불과하다고 믿는다. 그럼에도 불구하고 이들은 큰 자이다. 그 이유는 주께로부터 능력을 받기 때문이다. 또한 이들은 겸손하다. 자신은 능력이 없고 부족하다고 인정한다. 하지만 주께서 높여주신다.

이들은 내 것이 없음을 인정한다. 또 아는 것이 없음을 인정한다. 하지만 그는 천국에서 부자이다. 왜냐하면 주께서 천국 보화를 주시기 때문이다. 이들은 주께서 주신 만큼 훨씬 지혜롭다. 가난한 자와 궁핍한 자가 풍요하다는 것은 이런 원리에 의해서이다.

진리에 눈먼 자와 눈뜬 자의 선행

진리에 대해 눈먼 자의 선행과 눈뜬 자의 선행이 있다. 첫째로 진리에 눈먼 자는 본능에 따라서 선행한다.

본능에 의해 선행함은 동정심에 의해 자비를 베푼다. 거지를 보면서 불쌍하고 가엾은 마음에 도와주는 정도이다. 이런 선행은 공정과 공평한 양심에 의한 것이 아니다. 더구나 진리와 선에 의한 양심은 더욱 아니다.

둘째로 진리에 눈뜬 자의 선행이다.

겉보기에 진리에 눈뜬 자의 선행과 눈먼 자의 선행은 비슷해서 얼핏 보면 분간하기 어렵다. 하지만 내적으로는 완전히 다르다. 사실 어떤 행위가 본능에 의한 선행인지 이성적 판단에 의한 선행인지는 알 수가 없다.

그것이 양심에 의한 선행인지 아닌 지도 알 수 없다. 겉으로만 보아서 그 의도를 알 수 없다. 진리에 눈먼 자의 선행은 온순한 동물이라고 한다면 눈뜬 자의 선행은 분별력을 가진 인간이라고 할 수 있다.

누구든지 진리가 있다면 진정한 선행이 무엇인지 안다. 양심이 판단해서 도와줄 것인지 아닌지를 결정한다. 본인 자신도 자신이 어떤 의도에서 선행 했는지 분간하지 못할 수도 있다. 하지만 진리의 빛으로 본다면 어떤 의도인지 명확하게 드러난다.

신성 모독

신성모독은 의도적으로 진리나 교리를 파괴하는 것을 말한다. 유대인들이 신성모독을 한 이유는 다음과 같다. 그들은 제사에 충실하였고 율법에 열심을 내었다.

제사와 율법이 하나님을 의미하고 있음도 알고 있었다. 하지만 그들은 탐욕에 사로잡혔다. 그들이 제사를 드리거나 율법에 충실한 이유는 순수하지 못하게 종교적인 지배욕과 재물의 욕심 때문이었다. 다시 말해서 의도가 순수하지 못했다.

이로 인해 그들의 양심은 파괴되었고 신성모독 죄를 범하게 되었다.

자비 없는 판단

판단은 이해의 기능이다. 그러나 판단의 근거는 양심적 진리이어야 한다. 양심적 진리 없이 이익이나 뇌물에 의해 판단하면 힘없고 약한 백성이 억울한 일을 당하게 된다. 또 자기에게 반기를 드는 상대방을 죽이려는 의지를 가지고 판단한다면 불의한 판단이 된다. 하지만 공정한 의지를 가지고 판단한다면 정의로운 판단이 된다. 남을 비판하는 것에는 너무 준비가 잘 되어있어서 당사자의 사정을 묻기도 전에 섣부른 판단을 하기 쉽다. 섣부른 판단으로 인해 상대방의 장래가 나쁘게 되는 것을 피해야 한다. 상대방에게 최선의 길이 되는 판단을 해야 한다. 미움을 가지고 판단하면 악마적이 된다.

"남을 비판하지 말라. 그러면 너희도 비판받지 않을 것이다. 남을 정죄하지 말라. 그러면 너희도 정죄받지 않을 것이다(눅 6:37)." 이 구절은 자비 없는 판단을 하지 말라는 의미이다.

주는 자비 없는 판단을 하지 않으시는 분이시다. 자비 없이 쉽게 판단을 하는 인간과는 다르다. 주께서는 순수 의도 없는 판단과 양심 없는 판단을 금하신다. 자기에게 불손했다는 이유로 앙심을 품고 판단을 내려 상대방을 곤란에 빠뜨리거나 권력을 가지고 영혼을 지배하는 자이다. "자비를 베푼 자가 자비를 얻게 된다"고 하였다. 다시 말하면 자비로운 판단은 자비를 얻게 되지만 자비 없는 판단은 자비 없는 판단을 당할 것이라는 말이다. 이것이 진리이다.

양심 불감자

독사의 새끼

"화 있을진저 외식하는 서기관들과 바리새인들이여 너희는 선지자들의 무덤을 만들고 의인들의 비석을 꾸미며 이르되 만일 우리가 조상 때에 있었더라면 우리는 그들이 선지자의 피를 흘리는 데 가담하지 않았을 것이다 하는도다(마23:29, 30)."

위 구절은 서기관과 바리새인의 위선을 지적하는 말이다. 위선자는 말하기를 자신들이 만약 과거 선지자를 핍박하던 시절에 살았더라면 조상들처럼 선지자를 죽이지 않았을 것이라고 장담한다. 오히려 잘 대접했을 거라고 말하면서 선지자의 무덤을 단장하고 있다. 하지만 그 말은 위선에 불과하다.

그들은 선지자의 무덤을 단장하면서 스스로 자신들은 경건한 사람이라고 자부한다. 자신들은 조상들과 다르다고 말한다. 그러나 지금 하는 행태를 보아서는 전혀 그렇지 않다.

주께서는 그들의 은밀한 속마음을 들여다보시고 위선적인 그들의 말을 책망하신다.

주께서는 그들의 양심에 대고 이렇게 말씀하신다.

"너희들은 겉으로는 선지자를 존경하고 있고 스스로는 의로운 자인 것처럼 꾸미고 있다. 그러나 너희는 조상들과 한 패거리이다."

위선은 그들의 처세술이다. 조상들을 탓하면서 그 시대에 살았다면 예언자의 피를 보는데 가담하지 않았을 거라고 말한다. 그러나 그들은 바로 눈앞에 계신 예수의 피를 보려고 작당하면서 그런 말을 늘어놓고 있다. 이에 관해 주께서는 격렬하게 말씀하셨다.

"너희 조상들이 시작한 일을 마저 하여라(마23:32)."

"이 뱀 같은 자들아, 독사의 새끼들아! 너희가 지옥의 형벌을 어떻게 피하랴?(마23:33)."

이미 마음속에 양심이 파괴된 자들의 생각은 뱀과 독사의 새끼와 같다. 그만큼 위선자는 거짓되고 악독하다. 이들은 갖가지 위선의 술책을 사용해서 스스로 의로운 자인 것처럼 꾸민다. 그들에게 양심은 없다.

재물에 관심 있는 자

재물에 관심을 두는 자의 모습을 보면 타인에게 돈 쓰는 것을 매우 아까워한다. 이웃이 절대절명의 순간에 돈이 없어서 다급하게 소리쳐도 눈 하나 까닥하지 않는다.

그리고 그렇게 안타까워 하는 상대방 앞에서 평수 넓은 아파트와 고급 승용차, 비싼 자녀 사교육비 등을 자랑하는 데 열을 올린다. 그러면서 덧붙이기를 이 많은 재물은 하나님이 자기에게 특별한 복을 주셨기 때문에 소유하는 것이라고 말하고 있다. 이들의 관심은 온통 재물뿐이다.

이들이 타인에게 친절한 태도를 보이는 것도 대인관계를 위한 수단에 불과하다. 그렇게 해서 상대방에게 높은 점수를 따고자 하는 것뿐이다.

이런 모습은 타인과 무난하게 지냄으로 세상에서 안위를 얻고자 하는 데 있다. 이들이 교회에 나가는 이유도 세상에서 복 받기 위함이고 사회적 신분을 보장받기 위함이다. 자신들이 도덕적으로 살고 있음을 보여주기 위한 목적이다. 이들의 목적은 세상에서 재물을 모으고 만족을 누리는 것이다.

타인의 욕망을 부추기는 자

타인의 욕망을 이용해서 사기행각을 벌이는 자가 있다. 이들은 타인을 조종하는데 숙달된 기술을 가지고 있는 간악한 자이다. 어리석은 자는 이런 자의 꾀임에 빠져든다.

그래서 가정과 인생을 망친다. 그럼에도 자신이 이런 술수와 기만에 걸려 들었는지 조차 모른다.

이들에게는 욕망을 부풀리고 부추기는 기술이 있다. 타인의 욕망에 자신의 신념을 집어넣는 기술을 가진 달인이다.

이들의 술법은 상대방이 무엇을 좋아하는 지를 먼저 판단하고 욕망을 흥분시켜서 목표를 달성한다. 그래서 위로한다고 하면서 상대방이 감쪽같이 속아 넘어갈 만큼 달콤하고 강력한 유혹을 하거나 기분에 맞는 말을 던져주고는 어느 정도 여건이 허락되면 상대방을 이용한다. 결국 상대방을 구덩이에 빠뜨려 버린다.

이들에게 양심은 없다. 양심에는 관심조차 없다. 오히려 그것을 말하는 이들을 향해 비웃는다.

불안한 자

현실에 대해 부적응하면 불안, 걱정이 밀려온다. 불안하면 가슴이 답답하고 호흡이 어렵고 숨을 헐떡거리게 된다.

심리학에서는 이런 고통을 마음의 병으로 여기고 우울증이나 불안, 강박증, 정신분열, 공황장애 등으로 말한다.

이런 질병은 마음이 길을 잃어버린 혼돈의 상태이다. 속사람 안에 있는 진리와 선이 박탈되어 찾아오는 증상이다.

정신적 문제를 앓고 있는 이들을 살펴보면 일단 선에 대한 의지가 없다. 내적으로 자신의 불안 증상이 진리와 선의 상실임을 인정하지 않는다. 눈에 보이는 세상이 전부라고 여긴다.

이들을 자세하게 살펴보면 감각적인 충동을 자제하지 못하고 쉽게 포기하거나 좌절감에 휩싸여 버린다. 이들에게 진리, 선, 양심은 허황한 단어에 불과하다.

하지만 영적 인간은 다르다. 이들은 감각보다 이성과 합리성을 소중하게 여기고 더 나아가 양심을 따른다. 그리고 선행을 생명같이 여긴다. 이들에게 선행을 제거하면 큰 고통을 느낄 수밖에 없다. 이것이 없으면 영적 죽음이고 지옥에 떨어짐을 알기 때문이다.

감각적 인간이 영적 인간을 보면 재미없게 산다고 여기면서 어리석게 본다. 하지만 영적 인간의 영혼 안에는 생명이 있다. 다만 겉으로 보이지 않을 뿐이다.

스스로 하나님같이 된 자

스스로 하나님같이 된 자는 자신이 모든 것을 판단하는 자이다. 그리고 그 판단이 정답이라고 믿는다. 출발점이 자신이기 때문에 자기 판단이 가장 합당하고 확실한 답을 가지고 있다고 믿는다.

성경에서는 이런 자를 두고 "눈이 밝아져서 하나님같이 된 자(창3:5)"라고 말하고 있다.

자신이 최고 지성인이라고 자부하는 자가 있다. 그는 남의 말을 무시하고 자기 지식이 가장 높다고 여겼다. 자신의 지식이 모든 지식을 뛰어넘는다고 생각했다. 자기는 모든 원리를 파악하고 시시비비를 정확하게 꿰뚫는다고 여겼다.

그리고 모든 대화에 결론 내리기를 좋아했다. 또 지식이 높기 때문에 어느 자리에 가서도 당연하게 대우받아야 한다고 여기고 제일 높은 자리에 먼저 가서 앉았다. 자신에게는 지식이 있기 때문에 그만한 대접을 받아도 된다고 생각했다.

하지만 그는 하나님, 천사, 영의 존재를 인정하지 않았다.

그는 영원한 세계나 하나님, 천국을 부인하다. 누군가 보이지 않는 세계에 대해 말하거나 영의 존재를 말하면 비과학적이고 미신적이라고 소리를 쳤다.

그는 일단 사람의 심장이 멎고 육체가 죽으면 혼백이 사라져서 모든 것이 끝난다고 믿었다. 인간은 죽는 순간 모두 사라져 버리는 에너지와 같다고 주장한다.

그럼에도 자연만물의 웅장한 광경을 보거나 신비스러운 자연 이치를 보면 마음으로 경탄을 하였다. 가끔은 자신도 모르게 신이 있다고 말하기도 했다. 어딘가에 조물주라는 존재가 있을 거라고 말했다. 신비로운 자연을 볼 때는 가끔 신을 인정하지만 마음속으로는 신을 인정하지 않았다. 하지만 이렇게 말하는 것도 어려서 주일학교에서 들은 기억에 의해 말하는 정도이다.

그런 그에게 "당신이 생각하고 느끼는 자아는 어디에서 온 것입니까?"라고 묻는다면 그는 한마디로 대답하지 못한다.

왜냐하면 자아가 없다면 생각하는 것이나 느끼는 것이 없는 것이기 때문이다.

또한 그에게 "당신은 양심이 무엇이라고 생각합니까?" 물어보면 "그것은 하나의 공상이고 심약한 자들이 만들어낸 상상력에 지나지 않는다"고 대답한다. 그는 자신이 모르는 부분에 대해서는 비웃어 버린다. 그저 눈에 보이는 사실만을 믿거나 자기가 알고 있는 지식이 전부라고 자부한다. 이런 자는 양심은 없는 자이다.

자기 영광을 구하는 자

어리석은 자는 스스로 자기 영광을 취하는 자이다. 그는 자기에게 영광이 된다면 그것을 얻기 위해 수단과 방법을 가리지 않는다. 그리고 마음껏 자화자찬한다. 자기에게 박수치고 환호하는 것을 즐긴다. 그는 자기에게 박수치거나 환호하는 자에게만 악수한다. 그는 영광을 자기 소유물로 여긴다.

하지만 지혜로운 자는 하나님이 주시는 영광과 자기 영광을 구분한다. 인간이 받아야 하는 영광은 서로 거래하는 것이 아니라는 것을 안다.

스스로 취하는 영광이 있고 하나님께로부터 오는 영광이 있다. 스스로 취하는 영광은 자아찬양이고 자아도취이다. 이런 영광은 양심이 허락하지 않는다. 양심 있는 자는 먼저 양심에 빛대어 자기가 받아야할 것인지를 먼저 판별하고 정녕 받아야 한다면 겸손하게 받는다. 과연 이 영광을 자신이 받아도 되는가? 하면서 양심에게 물어본다.

그리고 받아들이고는 하나님께 영광을 돌린다. 이런 겸손은 양심의 덕목이고 인간됨의 품위이다.

어리석은 자의 특징은 스스로의 영광을 구하고 하나님이 주시는 영광은 배척한다.

"너희가 서로 영광을 취하고 유일하신 하나님께로부터 오는 영광은 구하지 아니하니 어찌 나를 믿을 수 있느냐(요5:44)."

양심 불감자의 예

영아를 살해한 헤롯 왕

헤롯은 유대 왕이다. 그는 동방박사들이 왕으로 오신 아기 예수께 경배하기 위해 먼 곳에서 예루살렘에 왔다는 말을 듣고는 당황했다. 자기 말고 또 다른 왕이 있는가 하고 불안이 느껴졌다. 헤롯은 시기심이 올라왔고 분노가 들끓었다. 그는 갓 태어난 영아가 왕좌를 노리는 적수가 될 것이라고 여겼다.

그래서 그는 갓 태어난 영아를 모두 죽였다. 만일 그가 조금이라도 양심을 소유했더라면 그런 잔인한 짓은 하지 않았을 것이다.

예수를 재판했던 빌라도

빌라도는 유대 땅을 다스리는 로마 총독이다. 유대 군중들이 죄인 바라바를 놓아주고 예수는 죽이라고 소리치면서 요구하였을 때 그는 군중들의 요구를 들어주었다.

그리고 군중 앞에서 손을 씻으며 말하기를 "나는 이 사람의 피에 대해 책임이 없다"고 말하였다.

빌라도의 행동은 죄 없는 자를 군중들의 요구대로 내어준 비양심자의 행동이다(마27:25). 비록 자신은 무죄의 표시로 손을 씻었지만 양심의 법은 어겼다. 육신의 손은 씻었지만 마음의 손은 씻지 못했다. 그는 예수를 의로운 사람으로 보기는 하였지만 그를 시기하는 유대인들에게 예수를 내어주었고 대신 범죄에 대해 무죄하다고 손 씻음을 보여 주었다. 하지만 그의 양심은 동의하지 않았다.

가롯 유다

가롯 유다는 예수의 제자이다. 그는 은 삼십 냥에 예수를 대제사장에게 팔아넘겼다. 그리고 곧 이것이 잘못된 일임을 알고 자기 잘못을 뉘우쳤다. 유다는 이런 고백을 했다.

"내가 죄 없는 사람을 배반하여 그의 피를 흘리게 하였으니 나는 죄인이다"라고 말했다.

하지만 이 말은 양심에 순응하는 말이 아니고 자기를 정죄한 말에 불과하다. 그는 제사장과 원로들에게 돈을 반환 하겠다고 말하면서 예수를 풀어달라고 요구했지만 승낙되지 않자 은전을 성전에 내동댕이치고는 스스로 목매달아 죽었다.

유다가 제 손으로 목매달아 죽은 것은 양심의 가책에 의한 것은 아니다. 그가 목매달았다는 것은 하늘과의 연결이 끊어졌음을 의미하기 때문이다.

내적 양심

죄의 본성이 벗겨지려면

양심의 가책은 법, 규칙에 위배되었을 때 느낀다. 법과 규칙의 잣대에 비추어 자신을 보았기 때문이다. 규칙은 죄를 알게 해 주는 거울과 같은 역할을 할 뿐이다. 그것은 마음의 변화에 이르도록 하는 안내자이다. 중요한 것은 지키고자 하는 의지가 있느냐 이다.

겉으로는 도둑질, 복수, 간음 같은 짓을 하지 않더라도 마음속에 미움, 복수, 자만심, 용서하지 못함 등의 마음이 쌓여 있느냐이다. 외적으로는 큰 잘못을 저지르지 않지만 마음의 변화가 없다면 아직도 거짓이 그 마음을 차지한 상태이다.

바울은 규칙에 대해 몽학선생이라고 말했다. 단지 학교 앞까지는 데려다 주지만 그 내용까지 교육시키는 것은 아니라는 말이다.

마음속에 있는 허물이 벗겨지는 것은 규칙이 아니라 시험, 시련을 통해서이다. 시험과 시련을 받게 되면 자신을 돌아보게 되고 자신이 무엇을 잘못했는지를 살펴보게 된다.

시련을 겪으면서 자기 인식을 하게 된다. 자신에게 죄와 허물이 많음을 깨닫게 되고 바르게 살지 못했음을 알게 된다. 고로 그 누구도 시련을 통과하지 않고서는 거짓이 제거되는 경우는 없다.

인간은 죄의 본성을 가지고 있기 때문에 마음속에 있는 거짓 원리를 제거하는 자는 구원의 소망이 있다. 거짓 원리를 가지고 겉으로 착하게 살아왔던 것으로 우쭐되었던 지난날을 반성하고 바르게 행동할 때 새로워진다.

양심 회복은 선과 진리의 회복이다. 이는 진정한 내적 천국이 형성됨이다. 그 기간이 얼마인지는 아무도 모른다. 왜냐하면 죄의 본성이 벗겨지는 것은 각자의 특성에 따라 다르기 때문이다. 분명한 것은 천국 백성이 되기 위해서는 마음속에 죄의 요소가 빠져야 한다. 그래야 생명을 갖게 된다.

죄의 요소가 빠지는 기간을 두고 '광야 기간' 이라고 한다. 이 광야 기간을 거치면 결국 가나안에 들어가게 되는데 그 과정이 어떤 자에게는 가혹한 고통이지만 가벼운 정도로 넘어가는 이도 있다. 그 누구도 그 정도를 알 수 없다.

다만 성경에는 주께서는 감당할 시험만을 허락하신다고 하였다. 이런 시련이 누구에게나 있다. 이런 시련의 목적은 마음속에 양심을 담기 위해서이다.

어이없는 논리

행함과 믿음을 분리시키고 구원에 이를 수 있다고 말하는 교리가 있다. 구원은 이미 십자가에서 모든 것이 완성되었으므로 인간은 그저 믿음을 가지고 그 열차에 무임승차하면 된다고 말한다. 그래서 입으로 믿는다고 시인하기만 하면 즉각 천국에 갈 수 있다고 말한다. 하지만 시간적으로 즉각 이라는 말은 성경 어디에서도 찾아볼 수 없다.

양심의 검토 없이 인스탄트 요리처럼 자기만족을 위한 교리이다. 실제적으로 어이없는 이런 논리가 온 교회 안에 퍼져 있다.

이들은 또 말하기를 세상에서 아무리 짐승처럼 살았다고 할지라도 얼마든지 구원이 가능하다고 말한다. 그만큼 주는 크신 분이라고 역설한다. 또 본인의 의지가 없어도 선택받은 자는 반드시 구원에 이른다고 주장한다. 이런 논리만큼 당사자에게 더 달콤한 접근은 없을 것이다.

그러나 이런 논리는 진리를 모르는 이방인조차도 믿지 않는다. 그들은 질문하기를 만약 그렇다면 선하게 살아야할 이유가 무엇이냐고 질문한다.

믿음의 조상 아브라함은 왜 가나안의 험난한 여정을 가야만 했는가? 왜 이스라엘 백성들은 애굽에서 홍해바다를 건너 가나안에 이르러야만 했는가? 과연 천로여정의 길을 무시하고 즉각적인 구원이 가능한가?

주께서는 니고데모에게 거듭나야할 것을 말씀하셨고 바울은 너희 구원을 이루라고 권면하였고 베드로는 신성한 성품에 참여하는 자가 되어야 한다고 하였다. 사도들은 구원에는 여정이 필요함을 말하고 있다.

많은 이들이 이런 교리에 환멸을 느끼고 교회를 떠나기도 한다. 이런 교리는 가짜 양심에서 올라온 교리이다. 가짜 양심은 선행을 제거해버린 양심이다. 이는 진정한 양심을 속인다.

주께서 이 땅에 오신 목적

예수 그리스도께서 육신을 입으시고 세상에 오셔야 하는 이유는 무엇인가? 육신을 입으셨다는 의미는 인간의 죄된 인성을 입으셨다는 말이다.

그분은 인간의 죄된 인성을 신성으로 영화롭게 하셨다. 이로써 인간에게 인성을 변화시킬 수 있는 길이 열려졌다.

인성에서 신성으로 나아가는 길은 진리로 거룩하게 사는 삶이다. 이는 천국으로 향하는 길이다. 그분은 그 길을 주시기 위해 오셨다. 천로여정의 길을 열기 위해서 오셨다. 진리를 따르는 자에게 삶의 여정을 가르쳐 주셨다.

고로 진리를 받아들인 자는 주께서 보여주신 영생의 길을 찾아 나설 수 있게 되었다. 그 길은 마음의 변화를 받아 이웃 사랑하면서 선행하는 길이다. 양심을 가진 자의 길이다.

우리는 주께서 세상에 오셔서 시험을 받아야 하는 이유를 생각해야 한다. 주께서 시험 받으심은 극도의 시험이었다.

인간의 고통과는 차원이 다른 고난이었다. 그분은 고난을 통해 인성을 신성화 하셨다. 이렇게 하신 이유는 죄와 싸우기 위함이었다. 인간이 죄악으로 인해 신성에 도달할 수 없었기 때문에 인간에게 신성이 내려오도록 하시기 위해서 인간 육체를 입으셔서 고난을 당하신 것이다. 그리하여 인성을 자신의 신성과 하나 되게 하셨다.

그분은 인간을 거룩하게 하기 위해 죄와 싸우셨다. 인성과 신성의 연합을 위해서 악과 전투하셨고 승리를 이루셨다. 그 수단을 통해서 인간에게 변화할 수 있는 길을 열어 놓으셨다. 비통한 시험과 승리가 결과되었다.

주께서 이렇게 하심으로 인간은 마음을 계발해 나갈 수 있게 되었으며 천국의 빛을 받을 수 있게 되었다. 이제 인간이 할 일은 무엇인가? 양심의 빛을 밝혀서 진리와 함께 그 길을 나아가는 것이다.

만일 주께서 인성을 신성과 연합하도록 하시지 않았다면 세상에 있는 인간이 구원되었을 리 만무이다. 인간에게 신성이 없었다면 양심은 물론 선하고 참된 것에 대한 이해력과 깨달음도 가지지 못했을 것이다. 절대로 인류는 구원되지 못했을 것이다.

양심이 사라지면

세상에는 선행과 관계없이 살아가는 자들이 있다. 이들은 점점 양심이 소멸 된다. 양심이 사라지면서 내적으로 사람이 되지 못하고 짐승처럼 된다. 모든 사람들이 이렇게 된다면 그 사회는 엉망진창이 되고 말 것이다.

주께서 이런 자들을 위해 예비하신 것은 무엇인가?

양심이 사라진 자들이 더 이상 죄를 범치 않도록 마련해 놓으신 것이 있다. 그것은 법의 제재, 죽음의 공포, 명예 상실과 재산 상실에 대한 두려움 등이다. 이는 죄를 막기 위한 마지노선이다. 인간은 이런 두려움으로 인해 더 이상 큰 죄를 범치 못하고 죄를 범하는데 망설이게 된다.

하지만 이것은 마음의 법이 아니고 외적 통제에 불과하다. 그러나 주께서는 이렇게 해서라도 죄악을 막고자 하신다. 인간이 더 이상 죄를 범치 않으면서 타인과 어울려 살아가도록 하신 배려와 수단이다.

인류에게 양심이 사라지면 거짓과 악이 지배하여 세상은 지옥 그 자체가 되고 말 것이다. 고로 주께서는 모든 사람의 마음에 양심을 가지기를 원하신다. 선한 양심은 선한 행위를 통해 진리가 양심 안에 흘러들어 만들어진다. 양심이 느슨해지면 진리가 흘러들 매체가 사라진다.

양심이 배제된 이론

상상력을 동원하여 만든 지식 중에 양심이 배제된 이론이 있다. 이를 추론이라고 한다. 추론은 거짓 이론이고 이런 지식으로 인해 마음에 있는 진리가 무너진다. 또한 선과 악의 기준이 모호하게 된다. 이런 지식은 악을 선으로 선을 악으로, 거짓을 진리로 진리를 거짓으로 뒤바꾸어 버린다. 한마디로 순리가 역리로 바뀌게 된다.

이렇게 되면 마음의 질서가 무너져서 진리를 의심의 대상으로 본다. 이런 논리는 모든 지식이 평등하다는 논리를 가지고 들어와 모든 진리를 무너뜨린다.

이런 자를 두고 마음에 할례 받지 않은 자라고 말하였고 에스겔은 "자기 강에 누운 큰 악어"와 같다고 했다(겔23:3).

양심이 무너진 지식은 죽은 지식이다. 진정 양심에 의한 지식이어야만 생명이 있다. 그런 지식이 삶에 의미를 주고 생명을 얻게 한다. 그렇지 않으면 아무 쓸모가 없다.

심사숙고하지 않음

남에게 들은 말이나 인터넷, 책에서 배운 논리를 가감 없이 앵무새처럼 말하는 자들이 있다. 이들은 게으른 자들이다.

본인 스스로 생각하자니 아는 것이 부족하고 깊이 생각하기에는 머리 아프기 때문에 그저 들은 그대로 믿고 따른다.

이들은 심사숙고할 필요를 느끼지 못하고 아주 단순하고 간편하게 믿는다. 이렇게 되면 합리성이 사라진다. 그 결과 마음의 상태가 어떤지조차 모르는 상태에 빠진다. 그러면서도 확신을 갖고 반복적으로 지식을 나열한다.

이런 단순 무식한 자들은 답답하기는 하지만 그 사상이 그들 자신을 보호하기도 한다. 그 논리는 외부에서 들은 것에 불과하지만 더 잘못된 사상을 배제하기도 한다. 그 이론이 자기를 지키는 성벽이 된 것이다. 하지만 또 다른 문제가 발생한다.

그것은 생각의 자유를 누군가에게 맡겨 버렸다. 심사숙고 없이 타인의 지식만 따르다가 자신의 양심을 타인에게 맡겨버린 꼴이다.

생명을 구성하는 요소

마음에 있는 속사람의 요소는 곧 생명을 구성하는 요소이다. 속사람에는 양심, 선, 진리가 있다. 선은 의지에서 비롯되고 진리는 이해를 통해 형성된다. 선과 진리는 강요에 의해서 주어지는 것이 아니라 자유의지에 의해서 받아들여진다. 선하게 되라고 명령한다고 해서 선해지는 것이 아니다.

강제로 진리를 믿으라고 믿는 것도 아니다. 자신이 원해야 한다. 결국 본인이 원치 않으면 선을 사모할 수도 없고 진리를 받아들이는 것도 불가능하다. 선과 진리를 거절하면 양심 또한 받을 수 없다. 그렇게 되면 탐욕적 상태에 떨어진다.

양심의 속박

교양을 갖추고 타인에게 존경받는 자가 있다. 그는 탁월한 언어 기술을 가지고 남을 잘 설득했기 때문에 모두들 그를 우러러 보았다. 그는 전문지식을 가지고 있었고 지식인으로 추앙받았다. 그는 세상에서 남부러울 것 없이 살았다.

그가 죽어 저세상에 들어갔다. 저세상에서 그를 얽어매었던 모든 속박이 풀어지고 완전한 자유가 주어졌다. 모든 제약이 풀리면서 타인을 의식하는 삶이 사라지자 그는 더 악해졌다.

그가 세상에서는 양심 있는 것처럼 행동했고 선한 자라고 인정받으며 살았다. 그러나 그것은 타인에게 인정받기 위해 노력했던 것에 불과했다.

저세상에 가보니 자신의 전문 지식은 아무런 도움이 되지 못했다. 그가 평생 연구한 것은 모두 휴지조각에 불과했다.

오로지 그에게 남은 것은 영혼의 상태였다. 즉 양심과 함께 실천 했던 선과 진리적 삶의 결과 뿐이었다. 죽음 이후에 영혼의 상태가 드러나자 그에게 남은 것은 남에게 인정받기 위해 살았던 행위만 드러났다.

의도 검토

양심은 의도를 검토한다. 자신의 의도를 검토하기 위해서는 먼저 생각을 살펴보아야 한다. 하루에도 헤아릴 수 없는 수많은 생각이 오고 가는데, 어떻게 그때마다 의도를 검토할 수 있는가? 인간에게는 마치 새가 머릿 위에 날듯이 생각이 날아온다. 중요한 것은 의도이다.

생각이 떠오를 때마다 과연 내 의도가 무엇인가를 찾아야 한다. 의도가 나를 위한 것인지 아니면 이웃을 위한 것인지를 정직하게 스스로 물어 보아야 한다.

그것은 목적과 사랑을 보면 구별할 수 있다. 목적을 보면 그가 진정 무엇을 추구하는지를 알 수 있다. 어떤 이는 외모, 출세, 돈, 건강, 지식 등을 목적으로 살아간다. 그것을 사랑하기 때문이다. 과연 당신은 무엇을 사랑하는 지를 찾아보라.

자신이 진정 사랑하는 것을 검토한 후에 어떻게 해야 선한 의도를 얻을 수 있는지를 고려하라.

선한 의도를 위해서는 기도하는 과정이 필요하다. 습관은 제이의 천성이다. 오랫동안 노동했던 자가 아침부터 밤늦게까지 일하는 것은 쉬운 일이지만 이제 막 시작하려는 이에게는 고역이다. 마찬가지로 경건한 자에게 선한 의도를 위한 기도는 쉬운 일이지만 욕심에 절어 살았던 자에게는 선한 의도를 구하는 일은 무엇보다 어렵다. 하지만 어렵더라도 선한 의도를 가지면 천국을 보게 된다.

자신 안에 있는 의도와 목적을 아는 것이 지혜이다. 지혜로운 자는 자신이 무엇을 원하는 지를 분별한다. 타인을 위해 봉사를 하다가도 어느새 자기도 모르게 자신을 위한 일로 바뀌는 수가 있다. 처음에 가졌던 순수한 초심을 잃어버리는 경우가 많다.

고로 생각에 신성모독, 복수, 간음, 도둑질, 거짓말, 하나님을 대항, 주님과 이웃을 훼방할 의도가 있는지를 살펴보아야 한다. 의도를 검토하는 사람은 광산에서 금을 캐내는 자와 같으나 검토하지 않는 자는 독사와 흉한 곤충이 있는 더러운 습지와 같다. 자신을 검토하지 않는 자는 피가 썩어가는 병자와 비할 수 있다. 결국 혈관이 막히고 피가 혼탁하게 되어 독이 퍼져서 병을 얻게 된다.

양심으로 의도를 검토하는 자는 병에서 고침 받고 활력을 회복하게 된다. 의도를 검토하지 않는 자는 골짜기에 버려진 마른 뼈와 같고, 검토하는 자는 힘줄과 뼈와 살로 덮여서 생기를 불어넣어 살아있는 사람이 되는 것과 같다(겔37:1-14).

4
양심의 사람들

양심의 소리를 들은 자

양심에 찔려 도망한 자

유대인들이 현장에서 간음하다 잡힌 여인을 예수께 데리고 왔다. 그들은 율법 조항을 내세워 주를 얽어 매고자 유도했다.

"모세 율법에는 이런 자를 돌로 쳐 죽이라고 했는데 당신은 어떻게 하는 것이 옳습니까?"하고는 대답을 강요했다.

그 말을 들은 예수께서는 땅바닥에 손가락으로 글을 쓰셨다. 그리고 대답을 재촉하는 유대인들에게 고개를 드시고 말씀하시기를 "너희 중에 누구든지 죄 없는 사람이 먼저 저 여자를 돌로 치라"고 말씀하셨다. 그리고 다시 몸을 굽혀 계속해서 땅바닥에 무언가를 쓰셨다.

주께서 땅바닥에 뭔가를 쓰시는 모습은 예레미야의 말을 떠오르게 한다. 즉 "무릇 여호와를 떠나는 자는 흙에 기록이 되오리니 이는 생수의 근원이신 여호와를 버림이니이다(렘17:13)."

이 말씀은 고발자 유대인들을 향한 상징적 답변이다. 유대인들의 행위가 땅 위에 씌어졌다는 것이다. 그러자 유대인들은 자신의 행위가 정당하지 않음을 알고 양심에 찔려 모두 흩어져 집으로 돌아갔다. 계략을 꾸민 위선자들은 양심에 찔려서 결국 뿔뿔이 흩어지고 말았다.

니고데모

대제사장과 바리새인의 심부름으로 예수를 잡으러 온 자가 있었다. 그러나 그들은 예수를 해치는 것을 두려워하며 돌아갔다. 바리새인들은 "어찌하여 그를 잡아오지 않았느냐?" 하고 대제사장과 바리새인이 묻자 경비병들은 "저희는 이제까지 그분처럼 말하는 사람을 본 적이 없습니다." 하고 대답하였다.

바리새인들은 "너희도 미혹되었느냐 당국자들이나 바리새인 중에 그를 믿는 자가 있느냐 율법을 알지 못하는 이 무리는 저주를 받은 자로다" 라면서 분노하였다.

이때 니고데모가 재판 과정의 타당성을 들먹이며 이렇게 말하였다. "우리 율법에 먼저 그 사람의 말을 들어보고 그가 한 일을 알아보지도 않고 죄인으로 단정하는 법이 어디 있소?"

그러자 바리새인은 예수의 출신지를 말하면서 "당신도 갈릴리 사람이란 말이오? 성서를 샅샅이 뒤져보시오. 갈릴리에서 예언자가 나온다는 말은 없소." 그리고 "모든 사람은 각자의 집으로 돌아갔다." 고 했다. 니고데모의 선한 양심이 동기가 되어 각자가 흩어져서 움직였다는 의미이다.

제자 베드로

제자 베드로는 주께서 잡혀가시는 날 예수를 멀리 뒤 따라갔다. 그리고 불을 쬐고 있었다. 어느 여종이 와서 이런 말을 했다. "너도 그와 한 패거리이다"

베드로는 이 말을 듣고는 여러 사람 앞에서 주를 부인했다. 심지어는 저주하고 맹세까지 하면서 부인하였다.

저주하고 맹세했다는 의미는 단순한 말이 아니라 열정적으로 했다는 뜻이다.

베드로의 행동은 주를 부인하는 행동이었다. 그때 닭 우는 소리가 들렸다. 그러자 주께서 하신 말씀이 생각났다.

"네가 닭 울기 전에 세 번 나를 모른다고 할 것이다."

베드로는 밖으로 나가 몹시 통곡하며 울었다. 새벽닭의 울음소리와 함께 잠들어 있던 베드로의 기억과 양심이 깨어나게 되었다.

2) 이세종의 양심

이세종(1880-1942)은 어려서 일찍 부모를 여의고 형님 밑에서 자랐다. 그는 부지런하게 남의 집 머슴살이하면서 일을 하였다. 그가 번 품삯은 모두 형님께 갖다 드렸다. 세종은 틈틈이 짚신을 엮어서 생활하였는데 이것을 본 마을 사람들은 세종의 부지런함을 보고 아무리 난리가 나도 그는 살 수 있을 거라고 칭찬하였다.

세종은 형님의 가산이 늘어나면서 그제야 결혼을 생각한다. 그는 30세 나이로 14살의 시골 처녀와 결혼하였다. 그가 결혼을 한 후 "이 지게가 다 닳도록 일을 해서 살림을 이루리라" 결심을 하고는 이른 새벽부터 일을 나섰다.

겨울이면 콩 잎사귀 죽으로 끼니를 때웠고 저축하면서 재산을 모았다. 그리고 형님 댁의 살림살이를 보살펴 드렸다.

결국 그는 그 동리에서 제일 큰 부자가 되었다. 마을 사람치고 그에게 빚지지 않는 사람이 없을 정도가 되었다. 전답도 늘고 부자가 되었지만 근검절약을 하면서 살았다.

하지만 그에게는 결혼한 지 15년이 지나도록 자식이 없었다. 세종은 자식을 보고 싶은 마음에 무당을 불러 굿을 하며 무당이 시키는 대로 지성을 다해 아들 낳기만을 고대하였다. 그러던 중 우연한 기회에 읍내 시장에서 붉은 가죽의 한글 책을 보았다. 이것이 하나님을 찬송하는 책이라는 말을 들었다. 그것을 빌려다 읽고는 물었다. "또 다른 책은 없는가?" 물어서 구약 성경을 구하였다.

세종은 창세기부터 자세히 읽어 가는 중에 출애굽기와 레위기를 보게 되었는데 자신이 이제까지 신당을 짓고 제사상을 차리고 복을 빌었던 것이 큰 죄임을 깨닫게 되었다. 그래서 그는 미신 행위를 다 청산하고 제사 기구들을 모두 불살라 버렸다.

그때부터 세종은 기도하며 말씀을 읽기 시작하였다. 그는 기도 처소를 만들고 밤이면 기도하였고 낮에는 말씀을 읽는 일을 계속하였다. 이제 그는 아들을 낳겠다는 마음보다 하나님을 믿는 것이 자식들을 얻는 것보다 더 귀하다는 것을 깨닫게 되었다. 그는 마을 사람들에게 전도하기 시작하였다. 식사도 잊어가면서 하나님을 공경하자고 큰 소리로 외쳤다.

이런 세종을 보고 미쳤다고 말하는 사람도 있었다. 하지만 세종은 동리마다 다니면서 전도지를 나눠주고 길가는 나그네와 거지들이 오면 모두 대접해 보냈다.

그리고 그간 자신에게 빚진 자들을 모두 다 불러들여서 그 빚을 탕감해 주었다. 빚 문서는 그 자리에서 불태워 없애버려서 그에게 빚진 사람은 더 이상 없게 되었다. 또한 물건을 꾸어간 사람들에게 "그냥 다 가지라" 했다.

그 마을에서는 이제까지 이런 일이 없었다. 세종은 선행을 계속하였다. 또 양심의 가책되는 일이 생각나면 보상을 하였다.

산과 들에 나가서 남의 밭에 콩 하나라도 뽑아먹었던 기억이 있으면 그 임자에게 찾아가 자복하고 다 갚았다. 양심에 걸리는 것이 생각나면 모두 찾아가서 갚았다.

또한 곡식은 본인 자신은 아까워서 먹지 못해도 모아두었다가 노인과 어린이가 있는 가난한 집에 나눠주었다. 그리하여 면사무소에서는 그의 선심에 감동하여 선행비를 세워주었다.

하지만 세종은 자신의 명예는 나타낼 것이 없다면서 비석을 넘어뜨리고자 했다. 사람들이 극구 만류를 하자 "사람들을 시켜서 비석을 없앨 수는 있으나 당신들이 세워놓은 비석을 차마

그럴 수 없으니 당신들의 손으로 무너뜨리시오" 하고 말했다.
 그러자 면장과 면민들은 "이왕 비용을 들여서 세운 것이니 그
대로 두자" 하며 말을 듣지 않았다. 세종은 "안 무너뜨리면 기
어코 자신이 없애겠다" 고 완강하게 나오자 할 수 없이 면민들
은 그 자리에서 땅을 파고 묻었다.
 하루는 새 옷을 입고 나갔다가 어떤 남루한 옷을 입은 거지를
보고는 "음식이야 다른데서 얻어먹을 수도 있지만 거지가 옷
을 어디서 얻어 입겠는가." 하면서 거지와 옷을 바꿔 입었다.
 나이 어린 아내가 집을 나가 다른 남자를 만나 살림을 차렸다.
세종은 아내의 살림도구를 손수 지게에 지고 갖다 주면서 언제
든 원하면 돌아오라고 했다. 그 아내가 얼마 못가서 되돌아왔
을 때 말없이 받아주었다. 세종은 부인과는 부부 관계를 끊고
남매처럼 순결의 삶을 살았다. 그러자 아내가 다시 참지 못하
고 두 번째 집을 나갔다. 며칠 기도한 후에 아내를 찾아가서 돌
아오라고 권했다. 그 아내는 다시는 안 돌아갈 것이라며 소리
를 질러대며 온갖 악담을 하면서 물을 끼얹고 소리를 질렀다.
 세종은 심한 냉대를 받았지만 온유한 마음을 잃지 않았다. 아
내에 대해서도 선하고 관대한 태도로 대하며 그 상대 남자에게
말하기를 "그 여인을 데리고 살아도 유망할 것이 없으니 돌려
보내라" 고 권유했다. 머지않아 그 집에 재앙이 닥쳐 아내는 할
수 없이 다시 되돌아왔다. 아내는 세종의 마지막 가는 길을 정
성으로 보살폈다.

양심의 눈을 뜨고 손을 살펴보라..

천사는 네 손을 보고 있다.

너의 손에 사람과 재물과 성이 새겨져 있다.

너는 양심의 눈을 뜨고

너의 손에 새긴 증거를 자세히 살펴보라.

네 손에 새겨진 행위는 영원히 지워지지 않는다.

너는 손으로 무슨 짓을 하였는가?

아픈 자를 어루만져 주었는가?

재물을 움켜쥐었는가?

무슨 손놀림을 하였는가?

손으로

사람을 섬긴다면 천국과 통하고

재물을 선한 일에 사용한다면 천국과 통하고

침소를 거룩하게 한다면 천국과 통한다.

손에

천국과 지옥이 새겨 있다.

천국에는 양심이 가득하다

네 손의 기록을 보고 행동하라.

천국과 지옥이 그 안에 있다.

– 참고 도서 –

· Commentary on The Revelation of St. John By The Rev. William Bruce. 윌리암 브루스 지음. 배제형 역. 도서 출판 벽옥

· Commentary on The Gospel According to ST. Matthew by The Rev. William Bruce. 윌리암 브루스 지음. 배제형 역. 도서 출판 벽옥

· Swedenborg. 배제형, 역. 『천국의 비밀들』, 도서 출판 벽옥, 2018.

· Swedenborg. 배제형, 역. 『천국의 비밀들』, 도서 출판 벽옥, 2018.

· 신명열. 『이공성자와 여인들. 한국의 호세아』, 정자나무, 1998.

· 배제형. 『성경 상응 사전』, 도서 출판 벽옥.

· 기타

『이노센스』, 『사람이란 무엇인가』, 『의도의 순수성』, 『순진무구 수치심을 치유하다』, 『사람이란 무엇인가』, 『김군의 마음』, 『김군의 마음 질병편』, 『식물에서 깨우침을』, 『의도의 순수성』, 『자유』, 『허용법칙』, 『숫자의 비밀』, 『부부의 목적』, 『껍데기만 남으면 심판이다』

양심의 비밀

1판 1쇄 인쇄일 2022년 3월 21일
지은이 김홍찬
발행인 김홍찬
펴낸곳 한국상담심리연구원
출판등록 제2-3041호(2000년 3월 20일)
주소 03767 서울시 서대문구 충정로53 골든타워 1811호
대표전화 ☎ 02)364-0413 FAX 02)362-6152
이메일 khc2052@hanmail.net
유튜브 김군의 마음TV
값 12,000원
ISBN 978-89-89171-56-0